만남은 새로운 기회를 선물한다

귀한 인맥 만들기

만남은 새로운 기회를 선물한다

귀한 인맥 만들기

양광모 지음

무한

프롤로그

모든 관계의 첫 번째 단추는 만남이다. 만남 없이 시작되는 관계는 존재하지 않는다. 좋은 인맥을 만들기 위해서든, 새로운 고객을 만들기 위해서든 만남은 인간관계에서 가장 기본적이고 필수적인 통과 의례다. 따라서 독자 여러분이 새로운 사람들과 좋은 관계를 만들고 싶다면 가장 먼저 배워야 할 것은 좋은 만남을 만드는 법이다.

지금까지 살아오며 뼈저리게 느끼는 사실이지만, 사람과 사람 사이의 관계는 전적으로 노력에 달려있다. 원만한 부부 관계, 자녀와 친밀하게 지내는 것도 모두 노력에 의해 이루어진다. 사회에서 좋은 인맥을 만드는 것도 노력이고, 단골을 만드는 것도 노력에 달려 있다. 세상의 모든 관계는 얼마나 노력을 기울이느냐에 따라 깊이와 내용이 달라진다.

그렇다면 만남은 무엇에 의해 결정될까? 만남은 사람의 힘으로 어쩔 수 없는 불가항력적인 측면도 있지만, 넓은 관점에서 보면 만남도 결국 노력의 영향을 받는다. 별을 보려면 하늘을 봐야 하고, 고래를 잡으려면 바다로 나가야 한다. 땅을 보면서 별을 따려고 하거나, 강으로 가면서 고래를 잡으려고 하면 아무 소용이 없다. 마찬가지로 좋은 인연을 만들려면 만나고 싶은 사람들이 모이는 장소나 모임에 찾아가야 한다. 좋은 인연은 발길에 차이는 대로 만나서는 절대로 만들어지지 않기 때문이다.

나는 휴먼네트워크연구소를 설립한 이후, 인맥관리와 인간관계에 관한 강의와 연구, 저술 활동에 전념해 왔다. 이 분야에 몰두한 이유는 몇 가지 있었지만 무엇보다 인생을 살면서 깨달은 좋은 인맥을 만드는 법, 좋은 관계를 형성하는 법을 세상 사람들에게 알리고 싶었기 때문이다.

대부분의 사람들은 만남을 너무나 소홀하게 생각한다. 노력이 아니라 우연에 의해 사람들을 만나는 것이다. 구체적인 목표나 계획이 아니라 스쳐지나가는 우연을 통해 인연을 맺고 있다. 그러나 이렇게 해서는 좋은 인연이 만들어지기 어렵다. 큰 인연은 하늘이 내려주기도 하지만, 하늘도 스스로 돕는 자를 돕는 것처럼 노력과 정성을 기울여야 기회가 찾아온다.

얼마 전에 『프라이스리스』라는 프랑스 영화가 개봉했다. 부와 성공을 열망하는 여자 주인공은 백만장자와 결혼하려는 목적으로 매일 밤 고급사교장에 드나든다. 어느 날, 웨이터로 일하는 남자 주인공을 재벌 2세로 착각하고 하룻밤을 함께 지내게 된다. 하지만 다음 날 아침, 자신이 속았다는 사실을 알게 되고 예전처럼 다른 사교장을 전전한다. 하지만 운명의 장난인지 계속 둘은 엮이게 되고, 남자 주인공은 여자 주인공이 어려움에 처할 때마다 지켜주고, 도와준다. 그리고 마침내 여자 주인공은 그 남자가 진정한 사랑이었음을 깨닫고 되돌아온다는 내용이다.

『프라이스리스』에서 말하고자 하는 메시지와는 조금 다르지만, 이를 통해서 알 수 있는 것은 '백만장자와 만나고 싶으면 백만장자가 있는 곳으로 찾아가야 한다'는 점이다. 방 안에 앉아서 백마 탄 왕자가 눈앞에 나타나기를 기다린다면 그 꿈은 절대로 이루어지지 않을 것이다. 백만장자와 만나고 싶다면 백만장자가 있는 곳으로 직접 찾아가야 한다. 마찬가지로 큰 인맥, 큰 고객을 만나고 싶다면 그런 사람들이 있는 곳으로 내가 직접 찾아나서야 한다. 이처럼 만남은 노력에 달려있다.

그동안 많은 사람들에게 좋은 인맥 만드는 법을 가르쳐 왔지만 점점 한계를 느꼈다. 바다로 갈 줄 모르는 사람들에게 고래를 잡으라고 말해 봐야 아무런 소용이 없다는 것을 깨닫게 된 것이다. 그래서 고래를 잡는 법이 아니라, 바다로 가서 고래를 만나는 방법부터 알려줘야 되겠다고 생각했다.

인맥관리는 크게 좋은 사람을 만나는 방법과 만난 사람들을 내 편으로 만드는 방법으로 구분할 수 있다. 나의 4번째 저서 『사람들을 내 편으로 만드는 소통』이 인간관계를 유지할 수 있는 방법에 관한 것이라면, 독자 여러분이 지금 읽고 있는 이 책은 좋은 사람들을 만나는 방법에 관한 것이다.

나는 이 책을 통해 새로운 사람을 만나는 방법을 100가지 넘게 알려줄 것이다. 이것은 기존에 내가 분류했던 '만남의 6가지 유형'을 구체적으로 세분화한 것이다. 세상의 모든 만남은 필연적 만남, 의도적 만남, 계획적 만남, 확장적 만남, 선택적 만남, 우연한 만남으로 나뉜다.

본문에서는 이러한 유형의 만남이 사회에서 어떻게 이루어지고 있는지에 대해 알아볼 것이다. 따라서 이 책은 좋은 인맥을 만들고 싶은 직장인, 신규고객을 만들고 싶은 영업사원, 이성 친구를 사귀고 싶은 싱글, 사업 파트너를 물색 중인 비즈니스맨 등 새로운 사람을 만나고 싶어 하는 모든 사람에게 도움이 될 것이다.

이 글을 읽는 독자에게 당부한다. 이 책에는 새로운 사람을 만날 수 있는 모든 방법을 담고 있지만, 가급적 웰빙 만남을 추천한다. 웰빙 만남은 삶에 유익하고 정신적, 육체적으로 건강한 만남이다. 대표적으로 5가지 유형을 웰빙 만남으로 꼽을 수 있는데 교육, 취미, 건강, 봉사, 사회참여를 통해 이루어지는 만남이 그것이다. 예를 들면 학습 모임, 여행 모임, 등산 모임, 봉사 모임, NGO 활동 등을 통한 만남이 웰빙 만남이다. 사회에서는 순수한 만남보다는 계산적이고 이해타산적인 만남이 많이 이루어지는데 이러한 시류에 휩쓸리지 말고 웰빙 만남을 꾸준하게 추진하라. 웰빙 만남과 더불어 웰빙 인생이 만들어질 것이다. 이 책을 통해 독자 여러분에게 멋진 만남이 무수히 찾아오길 바란다.

인간이 추구해야 할 것은 돈이 아니다.

인간이 추구해야 할 것은 언제나 사람이다. | 푸시킨(pushkin)

푸른 고래 양광모

INDEX

목 차

당신은 누군가를
만날 준비가 되어 있는가?

HUMAN RELATIONS

당신은 누군가를 만날 준비가 되어 있는가?

1. 만남의 6가지 유형

세상에는 수많은 만남이 있다. 사람은 태어나서 죽을 때까지 무수히 많은 사람들을 만나고, 헤어지고 또 만나며 살아간다. 운명 같은 만남도 있고, 스쳐가는 바람처럼 아무런 흔적도 없이 사라지는 만남도 있다. 헤어지면 아쉬운 만남이 있고, 헤어지면 다시 생각하기도 싫은 만남도 있다. 모든 만남은 크게 6가지 유형으로 나뉜다. 이 유형을 알고 있으면 새로운 만남을 계획할 때 매우 편리하다.

먼저 지난 1개월 간 또는 6개월 동안 내가 새롭게 만났던 사람들을 모두 종이에 적어 본다. 그리고 6가지 유형으로 나누어 정리한다. 그러면 현재 내가 어떤 유형의 만남을 많이 갖고 있는지, 잘 이루어지지 않는 만남은 무엇인지, 앞으로 노력해서 만나야 할 유형은 무엇인지 바로 확인할 수 있다.

만약 매달 새로운 사람 50명을 만나는 것을 목표로 정했다면 6가지 유형별로 각각 몇 명씩 만날 수 있는지 세부 계획을 세울 수 있다. 또한 특정한 사람을 만나고 싶을 때 어떤 유형으로 만날 수 있는지 쉽게 판단할 수 있다. 만남의 6가지 유형은 다음과 같다.

:: 필연적 만남

필연적 만남은 나의 의도나 생각, 행동과 무관하게 주어진 만남이다. 부모, 형제, 친인척과 같은 가족이 대표적인 필연적 만남이다.

이외에도 인맥관리에서 필연적 만남을 정의할 때는 과거에 인연을 맺었던 모든 사람들과의 만남을 포함한다. 예전에 다녔던 직장 동료들, 대학 시절에 활동했던 동아리 친구들도 모두 필연적 만남의 범주에 포함된다. 지금까지 인생을 살며 알고 지냈던 사람 중에 관계가 끊어졌거나 소원해진 사람들을 찾아 다시 관계를 복원하는 것도 필연적 만남에 해당된다.

얼마 전 나는 전남 나주에 있는 동신대에 특강을 다녀오면서 오래전 내가 (주)SK텔레콤 노동조합위원장으로 있을 때, 전남지부장을 맡았던 S에게 연락을 취하였다. 아쉽게도 일정이 맞지 않아 만나지는 못했지만 조만간 만나기로 약속하였다. 이런 경우가 필연적 만남에 해당된다.

:: 의도적 만남

의도적 만남은 구체적인 대상이 없이 이루어지는 만남이다. 교육 과정 참석, 특정 단체나 모임 가입 등 불특정 다수를 대상으로 자발적인 노력의해 생겨나는 만남이다. 즉, 좋은 인맥을 만들기 위해 인위적으로 만들어낸 만남이다. 사회에서 가장 일반화된 형태가 최고경영자과정, 또는 조찬포럼이다. 인터넷에서 카페나 클럽, 포럼 등의 커뮤니티에 인맥 형성을 목적으로 가입하는 것도 의도적 만남에 해당된다.

최근에 나는 박승주 전 여성가족부 차관의 추천으로 세종로 포럼에서 조찬 특강을 하게 되었다. 강의 후, 참석자들과 인사를 나눠보니 각계각층의 훌륭한 분들이 많이 가입되어 있었다. 앞으로 나는 세종로 포럼에 적극적으로 참여할 계획인데 이런 경우가 의도적 만남에 해당된다.

:: 계획적 만남

계획적 만남은 구체적인 계획을 가지고 특정인과 만나는 것이다. 또는 이벤트나 프로젝트를 주관하여 사람들을 모아 이루어지는 만남이다. 계획적 만남은 전화나 이메일을 통해 연락을 한 뒤에 이루어지거나, 상대방이 활동하고 있는 모임이나 단체에 가입하는 등 여러 가지 경로를 통해 이루어진다. 정치인 후원회, 연예인 팬클럽에 가입하는 것도 특정인을 대상으로 한 계획적 만남의 한 유형이다.

전문 강사로 갓 입문한 나는 서울대학교 심리학과 권석만 교수를 찾아가 만난 적이 있다. 『젊은이를 위한 인간관계의 심리학』이라는 책에서 많은 도움을 받았기 때문에 직접 만나서 감사의 뜻을 전하고 싶었다. 교수실로 전화를 하여 방문하고자 하는 취지를 말하니 기꺼이 시간을 내주었다. 이런 만남이 계획적 만남에 해당된다.

:: 확장적 만남

확장적 만남은 소개나 추천에 의해 내가 알고 있는 사람의 중개로 다른 사람과 알게 되는 만남이다. 확장적 만남은 좋은 인연으로 이어질 수 있는 가장 유용한 방법이다. 확장적 만남이 이루어지려면 서로에 대한 호감과 신뢰감이 높아야 되기 때문에 평상시에 주변 사람들과 좋은 관계를 형성하는 것이 중요하다. 인맥관리에서는 확장적 만남이 많아야 새로운 사람, 좋은 인맥을 효과적이고 손쉽게 형성할 수 있다.

　내가 만나고 싶은 연예인 중의 한 사람이 김제동 씨다. 최근에 나는 KBS 고혜성 개그맨과 인연을 맺게 되었는데, 친분이 쌓이면 조만간 김제동 씨를 소개해 달라고 부탁할 생각이다. 이러한 만남이 확장적 만남에 해당된다.

　：：선택적 만남

　선택적 만남은 나로부터 비롯되는 만남이 아니라, 다른 사람이 내게 다가와 이루어지는 만남이다. 흔히 유명인들에게 많이 나타나는 만남으로 본인에게 차별화된 역량, 장점, 브랜드, 가치가 있는 경우 다른 사람들의 요청에 의해 이루어지는 만남이다. 인맥관리를 할 때 내가 항상 다른 사람들을 쫓아다니기만 하는 것은 노력과 정성에 비해 비효율적이다. 좋은 인맥을 만들려면 내가 찾아가는 것도 중요하지만 다른 사람이 나를 찾아올 수 있도록 만들어야 한다. 그러기 위해서는 1가지 이상의 분야에 전문성을 갖출 수 있도록 노력하고, 자신만의 브랜드를 만들어서 사람들에게 알려야 한다.

　최근 MBN 라디오에 패널로 1주일간 출연 후, 조은별 작가와 최지인 아나운서의 요청으로 만남을 가졌다. 또 며칠 전에는 나의 두 번째 저서 『당신만의 인맥』을 읽고 애독자가 되었다는 김수진 MC의 전화 요청에 따라 만나게 되었다. 이런 만남이 선택적 만남에 해당된다.

:: 우연한 만남

　우연한 만남은 일정한 의도나 계획 없이 자연스럽게 이루어지는 만남이다. 지하철이나 버스, 길, 행사장, 식당, 술자리, 여행길에서의 만남 등이 여기에 해당된다. 좋은 인연을 만들기 위해서는 우연한 만남에도 관심과 노력을 기울여야 한다. 스쳐지나가는 사람들을 그냥 흘려보내지 말고 계속 이어지는 만남으로 만들 수 있어야 한다.

　얼마 전 전남 나주 동신대에 강의를 마치고 돌아오는 길에 광주 송정리역에서 기차 시간이 남아 구두를 닦게 되었다. 구둣방에 들어가 보니 한쪽 구석에 놓여 있는 베이스 기타가 눈에 들어왔다. 신기한 마음에 구둣방 주인과 대화를 나누다 보니 여러 이야기가 오갔고 결국에는 통성명을 한 후, 내 명함까지 건네주게 되었다. 서울로 올라온 다음날에는 문자메시지를 주고받았고, 며칠 전에는 내 책 1권을 선물로 보내주었다. 이런 만남이 우연한 만남에 해당된다.

　이상과 같이 인생과 사회에서의 모든 만남은 6가지 유형으로 구분되며, 사람과 상황에 따라서 구체적인 상황만 약간씩 달라질 뿐이다. 어떤 유형의 만남이든지 항상 상대방을 소중하게 생각하고 최선을 다해 만나려는 마음만 있으면 된다. 형식적이고 습관적으로 만나지 말고, 진실 되고 열정적으로 만남에 임하도록 하라.

　6가지 유형의 만남이 실제로 사회에서 어떤 방법으로 나타나는지는 제5장에 구체적으로 설명되어 있다. 그 전에 새로운 사람을 만나려면 어떤 유형의 방법을 활용할 수 있는지 정리해 보자.

만남의 6가지 유형

유형	최근에 내가 만난 사람들	앞으로 어떻게 만날 수 있나?
필연적 만남		
의도적 만남		
계획적 만남		
확장적 만남		
선택적 만남		
우연한 만남		

2. 만남에도 고수가 있다

일본 야규 가문의 가훈에 '소재(小才)는 인연을 만나도 인연인 줄 모르고, 중재(中才)는 인연을 만나도 활용할 줄 모르고, 대재(大才)는 옷깃을 스쳐지나가는 인연도 큰 인연으로 만든다' 는 말이 있다. 좋은 인맥을 만들려고 노력하다 보면 '만남의 하수' 도 '고수' 가 될 수 있다. 나는 현재 어느 단계에 해당되는지 생각해 보고, 좀 더 발전된 만남을 위해 노력하자.

:: 하수

하수는 좋은 만남을 만들기 위해 자기 주변의 블특정 다수를 부지런히 찾아다니는 사람이다. 앞에서 소개한 만남의 6가지 방법 중에서 새롭게 만나는 사람들의 50% 이상이 필연적 만남과 의도적 만남으로 이루어진다면 '만남의 하수' 에 해당된다.

필연적 만남, 의도적 만남 : 50% 이상	계획적 만남 확장적 만남 : 50% 이하 선택적 만남 우연한 만남

:: 중수

중수는 좋은 만남을 만들기 위해 특정인을 직접 찾아다니고, 다른 사람들을 내 주변으로 불러 모으는 사람이다. 새롭게 만나는 사람의 50% 이상이 계획적 만남과 확장적 만남으로 이루어진다면 만남의 중수에 해당된다.

계획적 만남, 확장적 만남 : 50% 이상	필연적 만남
	의도적 만남 : 50% 이하
	선택적 만남
	우연한 만남

:: 고수

고수는 본인이 노력하지 않아도 다른 사람들이 만남을 요청해 오고, 스쳐지나가는 작은 인연도 큰 인연으로 발전시킬 수 있는 사람이다. 새롭게 만나는 사람의 50% 이상이 선택적 만남과 우연한 만남으로 이루어지고 있다면 만남의 고수에 해당된다.

선택적 만남, 우연한 만남 : 50% 이상	필연적 만남
	의도적 만남 : 50% 이하
	계획적 만남
	확장적 만남

만남에도 하수, 중수, 고수가 있다. 처음에는 누구나 하수부터 출발하지만 시간이 흐르면 중수, 고수로 발전할 수 있어야 한다. 그렇지 못하고 계속 하수로 머물면 좋은 만남, 좋은 인연을 맺기 어렵다. 하수에서 중수, 고수로 올라가기 위해서는 6가지 만남의 유형 중에서 필연적 만남과 의도적 만남의 비중을 점점 줄여 나가야 한다. 중간 단계에서는 계획적 만남과 확장적 만남의 비중을 높이고, 최종적으로는 선택적 만남과 우연한 만남의 비중을 가장 높게 유지해야 한다. 간략하게 요약하면 다른 사람들을 쫓아

다니지 말고, 내 주변으로 불러 모으거나 나를 찾아오도록 만들어야 한다. 당신은 지금 어떤 단계에 머물고 있는가? 옷깃을 스쳐지나가는 사람도 큰 인연으로 만들 줄 아는 만남의 고수가 되어 보자.

만남의 3단계 측정표

번호	새로 만난 사람	필연	의도	계획	확장	선택	우연
예	홍길동			O			
1							
2							
3							
4							
5							
6							
7							
8							
9							
10							
소계							
총계							

새로운 사람을
왜 만나야 하는가?

HUMAN RELATIONS

새로운 사람을 왜 만나야 하는가?

1. 일생과 운명을 좌우하는 만남

2008년 8월, 나의 4번째 저서 『사람들을 내 편으로 만드는 소통』이 출간되기 보름 전쯤 모교에서 우편물이 하나 배송되었다. 궁금한 마음으로 열어보니 나를 총동문회 이사로 임용하였다는 안내문과 임원수첩이 들어 있었다. 이사로 지원한 일이 없었기에 어찌된 사연인지 궁금하였으나 아마도 총동문회 재정분담 차원에서 결정된 것이라 추측하였다. 졸업생으로서 한번쯤 맡아야 할 책임이자 역할이라 생각하고 이사회비를 계좌로 입금시켰다. 그리고 함께 보내온 임원수첩을 살펴보니 대기업 CEO, 지방자치단체장, 고위 공무원, 언론 방송인 등 각계각층에서 활동하는 리더들의 이름과 주소, 연락처가 빼곡히 적혀 있었다. 가만히 생각해 보니 이 분들께 새로 나온 책을 보내면 나라는 사람에 대해서 소개할 수 있고, 책도 함께 홍보할 수 있겠다는 생각이 들었다.

모든 임원에게 보내기에는 너무 많을 것 같아서 70명을 선정하여 다음과 같은 내용으로 문자메시지를 먼저 보냈다.

선배님, 안녕하십니깨 제 책 『사람들을 내 편으로 만드는 소통』을 1권
보내 드리겠습니다. 후배 양광모.

이 문자를 보고 답신을 보내온 사람이 몇 명이나 되었을까? 70명에게
문자를 보냈는데 답신을 보내온 사람은 2명에 불과했다. 그나마 그 중 1명
은 총동문회 사무국장이니, 실제로 답신을 보낸 사람은 1명이라고 해야 정
확할 것이다. 답신을 보낸 분께 매우 고마운 마음이 들어 다시 문자메시지
를 보냈다.

제가 70분께 문자를 보냈는데, 선배님이 유일하게 답신을 주셨습니다.
정말 감사드립니다. 감동입니다.

사실 그분이 보내온 문자는 단 2글자였다.

땡~~큐!

그러나 70명에게 문자를 보내 유일하게 받은 답신이니 나에게는 그 2글
자도 그야말로 황송하고 감개무량하게 느껴졌다. 잠시 후 다시 문자메시
지가 도착하였다.

별 말씀을요. 주소 좀 알 수 있을까요? 내 책 『모티베이터』도 1권 보내

줄게요.

책 제목을 보고 이 이야기의 주인공이 누군지 눈치 챈 사람도 있을 것이다. 바로 KTF 조서환 부사장이다. 며칠 후 집으로 도착한 『모티베이터』를 읽고 나서는 더더욱 큰 감동을 받았다. 조서환 부사장이 지금까지 인생을 어떻게 살아왔는지에 대한 가슴 뭉클한 이야기가 담겨 있었기 때문이다.

군대에서 사고로 오른손을 잃었던 일, 취업 때문에 고생하다 우여곡절 끝에 애경그룹에 입사한 일, 하나로 샴푸, 2080치약, KTF SHOW 등의 마케팅 신화를 창조한 일, 장애에도 불구하고 왼손으로 골프를 시작해 지금은 싱글 수준까지 올라간 일 등 열정으로 가득한 그의 치열한 삶은 잔잔한 감동으로 밀려왔다. 다시 문자를 보내 진심으로 존경의 뜻을 전했다.

그리고 나서 1개월 후, 5번째 책을 출간하였다. 아쉬운 마음이 많았던 터라 어떻게 할까 고민을 하다 다시 한 번 70명의 총동문회 임원들에게 문자메시지를 보냈다.

선배님, 제가 쓴 책 『남이 나를 PR하게 하라』를 출간하게 되어 보내드립니다. 부족한 책이지만 재미있게 읽어 주십시오. 후배 양광모.

10분쯤 지났을 무렵, 첫 번째 답신이 도착하였다.

지난번에 보내준 책 잘 받았는데 바쁘다 보니 고맙다는 인사도 못했네요. 감사합니다. 요즘 잘 읽고 있습니다. 새 책 출간도 축하합니다. H 기업 전무 OOO

내가 책을 보낸 70명은 대부분 대기업 CEO들이거나 사회 각계각층의 명망가들이다. 당연히 대한민국의 그 어떤 사람보다 바쁘고 공사다망한 분들이다. 일에 쫓기다 보면 문자메시지에 일일이 답신을 보내지 못할 수도 있으리라 생각하며 늦게라도 인사말을 보내준 것에 대해 감사의 답신을 보내드렸다. 30분쯤 지났을 때, S기업의 임원으로 계신 분으로부터 문자메시지가 왔다.

보내지 마세요.

문자메시지의 내용을 보고 처음에는 너무나 당황스럽고 어이가 없었다. 그러나 내가 알 수 없는 개인적인 사정이나 안 좋은 추억이 있으려니 생각하고, 책을 보내지 않겠다는 뜻과 죄송하다는 내용의 문자를 보냈다. 다시 2시간쯤 지났을 무렵 이번에는 S그룹의 임원 한 분에게 문자메시지가 왔는데 얼핏 보니 내용이 좀 길었다. 혹시나 덕담이라도 적혀있을까 기대하며 확인했는데, 확인을 해보니 어이가 없었다.

저는 책과 인연이 없으니 보내지 마세요. 만약 책을 보내면 반송하겠습니다.

참으로 황당했지만, 역시 개인적인 사정이나 안 좋은 추억이 있을 것이라 생각하고 책을 보내지 않겠다는 내용의 답신을 보냈다. 이러한 문자메시지를 2건이나 받고나니, 일도 손에 잡히지 않고 하루 종일 마음이 답답했다. 우리나라 최고의 기업 CEO들이 왜 이런 식으로 대인관계를 하는 것일까? 도저히 이해가 되지 않았다. 착잡한 마음에 평소 잘 마시지도 않던 커피를 한 잔 뽑아들고 담배까지 한 가치 입에 물었는데 갑자기 휴대폰이 울리기 시작했다.

"안녕하세요. 양광모 후배님 되십니까?"

"네, 제가 양광모입니다."

"아, 반갑습니다. 저는 학교 선배되는 염상국이라고 합니다. 지난번에 보내 준 책 잘 읽고 있는데 이번에 또 보내준다고 하니 너무 고마워서 전화했습니다. 언제 시간이 되면 점심이라도 대접하고 싶은데 괜찮을까요?"

"아! 정말 고맙습니다. 선배님이 시간될 때 알려주시면 찾아뵙겠습니다."

"그럼 다음 주 월요일에 점심을 같이하죠. 장소는 다시 연락하겠습니다."

그리고 지난 10월 6일, 3호선 안국역 인근에 있는 한 식당에서 점심을 함께 했다. 염상국 선배는 얼마 전까지 청와대 경호실장으로 있다가 이명박 정부가 집권하며 퇴임하였다. 흔히 경호실장이라고 하면 권력의 실세로 어두운 면을 떠오르기 쉬운데 선배는 그런 이미지와는 거리가 먼 직업공무원이었다.

경호실에서 26년간 근무하면서 능력과 공적을 인정받아 경호실장에 올랐다. 식사를 하며 말씀을 들어보니 매우 소탈한 성품을 지닌 분이라는 것을 느낄 수 있었다. 오랜 기간 경호 업무에 종사하면서 틈틈이 서예를 익혀 11월에는 전시회를 열 예정이고, 색소폰 실력도 상당한 수준으로 경호실에서 근무를 할 때는 '색소폰 동호회'도 만들어 활동했다고 한다. 그야말로 문무를 겸비한 용장(勇將)이요, 지장(智將)이다. 2시간에 걸쳐 여러 가지 이야기를 나누며 참으로 뜻깊고 기분 좋은 만남이었다는 생각이 들었다.

지금까지 오랜 시간 인맥관리에 대해 연구하면서 내린 2가지 정의가 있다. '인맥관리는 운명관리' 라는 것과 '인맥관리는 확률게임' 이라는 것이다. 학자들의 연구결과를 봐도 그렇고, 실제로 내가 살아온 인생을 돌이켜 봐도 그렇다.

누구를 만나느냐에 따라 인생이 달라졌고, 앞으로 누구를 만나느냐에 따라 인생이 달라진다. 따라서 항상 좋은 만남, 좋은 인연을 만들기 위해 열심히 노력해야 한다.

그러나 실제로 많은 사람을 만나도 좋은 인연으로 연결되는 경우는 극소수에 불과하다. 내 경험으로 비추어 보면 1,000명의 새로운 사람을 만났을 때 든든한 인맥으로 발전되는 사람은 평균 14명 안팎이었다. 앞에서 이야기한 사례에서도 알 수 있듯이 70명에게 문자를 보냈을 때 불과 단 1명에게만 답신이 온 것도 비슷한 확률인 것이다.

따라서 좋은 인연을 만들기 위해 가장 필요한 것은 사람들을 많이 만나는 것이다. 많은 사람들을 만나지도 않으면서 좋은 인맥이 만들어지기 바라는 것은 로또를 1장 사고 당첨되기를 바라는 것이다.

결국 만남도 노력에 달려있다. 만약 내가 총동문회 임원들에게 문자메시지를 한 번만 보내고 포기했다면 아마 염상국 선배를 만나지 못했을 것이다. 두 번 문자를 보내는 노력이 있었기 때문에 새로운 사람을 만날 수 있었던 것이다. 따라서 좋은 인맥을 만들기 위해서는 많은 만남이 이루어지도록 노력하되 정성을 꾸준히 기울이는 것이 중요하다. 쉽게 친해지지 않는다고 포기하는 것은 인간관계의 본질을 충분히 이해하지 못한 것이다. 인간관계는 하루아침에 얻어지는 산삼이 아니라 5~6년간의 땀과 노력, 정성이 있어야 만들어지는 인삼이다.

방금 이 글을 쓰고 있는 순간에도 몇 개의 문자메시지가 왔는데, 그 중 하나는 KBS 개그맨 출신의 자신감코리아 대표 고혜성에게 온 문자다.

형님, 날씨가 많이 쌀쌀해졌네요. 옷 따뜻하게 잘 입고 다니세요! 건강이 최고잖아요^^

한 달 전쯤 우연히 고혜성 대표를 만나게 되었다. 얼마 후, 함께 점심을 먹기로 약속한 자리에 동행했던 마성만 실장에게도 5분 차이로 안부 문자가 왔다. 마성만 실장은 30대 중반의 나이에도 불구하고, 다방면에 해박한 지식을 갖고 있었다. 최근에는 내가 추진 중인 '푸른 고래 독서토론회' 설립을 적극 도와주고, 푸른 고래 100인회 총무를 맡아서 열심히 활동하고 있다. 고혜성 대표와의 인연이 또 다른 좋은 인연을 낳은 것이다.

내가 좋아하는 말 중에 '봉생마중 불부이직(蓬生麻中 不扶而直), 백사재날 여지구흑(白沙在涅 與之俱黑)'이라는 고사성어가 있다. 옆으로 퍼져 자라는 쑥이 삼밭에서 자라면 부축해 주지 않아도 똑바르게 자라고, 흰모래가 검은흙과 섞이면 함께 검어진다는 뜻이다. 식물과 광물도 이러하거늘 사람이야 두 말해서 무엇 하겠는가. 누구를 만나고 누구와 함께 있느냐는 일생과 운명을 좌우한다. 좋은 만남이 좋은 인연을 낳고, 좋은 인연이 좋은 결과를 낳는다는 사실을 명심하고 새로운 만남, 좋은 만남을 많이 계획해 보자.

2. 신념과 대인 동기를 분석하라

『어린왕자』를 쓴 생텍쥐페리는 인간관계가 유일한 문제라고 말했다. 실제로 사람의 만남과 인연은 우리 삶에서 가장 중요한 문제다. 인생의 길흉화복이 모두 어떤 사람을 만나서 어떤 인연을 맺느냐에 달려있다고 해도 과언이 아니다.

만남에는 올바른 신념과 적절한 동기가 필요하다. 사람의 부정적인 생각이 있으면 좋은 관계가 만들어지기 어렵고, 필요성을 느끼지 못하면 누군가를 만나기 위해 노력하지 않는다. 사회생활을 하다 보면 한동안 소식을 끊었다가 어느 날 갑작스럽게 연락을 해오는 사람들이 있다. 그런 사람들이 다시 연락하는 이유는 십중팔구 결혼 날짜가 잡혔거나 도움이 필요한 일이 발생했기 때문이다. 이처럼 사람은 동기가 있어야 움직이고, 동기가 없으면 움직이지 않는다. 나에게 사람이 필요한 이유가 있어야만 인간관계를 맺기 위해 노력한다. 따라서 좋은 만남을 만들고 싶으면 자신의 신념과 대인 동기를 점검해 볼 필요가 있다.

측정표를 통해 나는 인간관계에 대해 어떻게 생각하고, 필요성을 얼마나 느끼는지 질문을 읽고 자신에게 해당되는 점수를 오른쪽 빈 칸에 적은 다음 10가지 항목의 점수를 모두 합한다. 1~5번은 사람에 대한 가치관, 대인관계의 유형, 만남과 인연에 대해 어떤 생각을 가지고 있는지 대인 신념을 알아보는 항목이며, 6~10번은 대인관계의 필요성을 얼마나 느끼는지 대인 동기를 알아보기 위한 항목이다.

10개의 점수를 모두 합산하여 얻어진 점수가 80점 이상이면 평소 인연을 소중히 생각하고, 좋은 인맥을 만들기 위해 적극적으로 노력할 수 있는 조건을 갖추고 있다고 생각하면 된다. 40점 미만인 경우는 올바른 신념이나 적절한 동기를 갖고 있지 못하기 때문에 대인관계 형성이나 만남에 소극적으로 행동하게 된다. 보통 평균 점수는 50~60점에 분포된다.

나는 어떤 신념과 대인 동기를 가지고 있는지 생각해 보고 올바른 신념과 적절한 동기를 지닐 수 있도록 노력하라.

신념 & 대인 동기 측정표

번호	질문	점수(0~10점)
1	사람은 선한 존재이기 때문에 이타적으로 살아야 한다.	
2	혼자 지내는 것보다 다른 사람과 어울리는 것이 좋다.	
3	소수의 사람보다 많은 사람들과 어울리는 것이 좋다.	
4	우연보다 노력을 통해서 좋은 사람들을 만나야 한다.	
5	인생은 어떤 사람들을 만나느냐에 달려있다.	
6	현재 하고 있는 일이 많은 사람들과의 접촉을 필요로 한다.	
7	현재의 삶과 다른 새로운 계획(이직, 전직 등)을 가지고 있다.	
8	취미 활동이나 관심 사항과 관련하여 많은 사람들을 만나고 있다.	
9	다른 사람들의 도움을 필요로 하는 꿈이나 목표를 가지고 있다.	
10	애경사를 비롯한 나의 참석과 도움이 필요한 행사가 많이 예정되어 있다.	

3. 어떤 사람을 만나야 되는가?

현대 사회를 네트워크 사회라고 부른다. 네트워크 사회에서는 새로운 인간관계가 많이 나타나는데 가장 대표적인 특징은 직접적인 대면 접촉 없이도 인간관계가 형성된다는 점, 그리고 인간관계가 매우 느슨하고 약한 연결 고리로 형성된다는 사실이다. 즉, 인터넷과 전화의 발달로 지구 반대편에 살고 있는 사람들끼리 만남 없이 커뮤니케이션을 할 수 있고, 인간관계를 맺을 수 있다.

이처럼 현대 사회에서 개인이 맺는 인간관계의 양은 점점 많아지지만, 반대로 인간관계의 질(깊이)은 매우 피상적이고 얕다.

따라서 현대 사회에서 인간관계를 맺을 때 2분류로 나누어 구분하는 것이 효율적이다. 하나는 전통적인 인맥을 만드는 것으로 만나는 사람들과 밀접하고 끈끈한 인간관계를 형성하는 것이다. 다른 하나는 현대적 개념의 휴먼 네트워크를 구축하는 것으로 만나는 사람들과 적당한 거리를 유지하면서 느슨하고 약한 인간관계를 유지해 나가는 것이다. 인간관계를 도식적으로 구분하는 것은 위험하지만, 네트워크 사회에서 매일 수많은 사람들을 만난다는 점을 생각해 볼 때 불가피한 방법이라 생각한다. 만나는 사람들을 전통적인 인맥과 휴먼 네트워크로 구분하여 선택과 집중을 하는 것이 바람직한 선택이다.

전통적인 인맥과 휴먼 네트워크의 차이점은 다음과 같다.

첫째, 인맥은 좋은 사람들을 알아두면 언젠가는 도움이 될 것이라는 막연한 생각으로 만들지만, 휴먼 네트워크는 일, 업무, 비즈니스와 관련된 사람들을 전략적으로 구축하는 일 중심의 네트워크다.

둘째, 인맥은 강하고 밀접하게 연결된 사람들이고, 휴먼 네트워크는 약하고 느슨하게 연결된 사람들이다.

셋째, 인맥은 관계의 깊이와 헌신성이 중요하지만, 휴먼 네트워크는 수, 다양성, 연관성이 중요하다.

따라서 휴먼 네트워크를 구축하려면 자신의 꿈과 사명, 일, 업무, 비즈니스가 명확하게 정의되어야 한다. 즉, 현재 내가 하고 있는 일, 앞으로 하고자 하는 일에 대한 비전과 목표가 확실해야만 휴먼 네트워크를 올바로 구축할 수 있다. 만약 이미 잘 정리되어 있다면 앞으로 어떠한 사람들을 만나야 할 것인지는 SWOT 분석을 통해 알아볼 수 있다.

첫째, 강점(Strength)을 개발, 강화해 줄 수 있는 사람들을 만난다.
둘째, 약점(Weakness)을 보완, 개선해 줄 수 있는 사람들을 만난다.
셋째, 기회(Opportunity)를 제공, 창출할 수 있는 사람들을 만난다.
넷째, 위기(Threat)를 예방, 극복해 줄 수 있는 사람들을 만난다.

2005년 9월, 나 또한 인맥관리 전문 강사 초창기에는 SWOT 분석을 통해 만나야 할 사람들을 정리하고, 계획했다.

강점 – 인맥관리 교육 분야는 대표적인 전문가가 존재하지 않는 블루오션에 해당된다. 인맥관리 교육 분야에서 전문 강사로서 가장 먼저 갖춰야 할 점은 체계적인 교육프로그램이다. 현재 강의 스킬은 시급하지 않으며, 일정 수준 이상의 교육프로그램만 개발한다면 인맥관리 분야에서 최고의 전문가로 인정받을 수 있다. 따라서 가장 먼저 만나야 할 사람들은 인맥관리, 인간관계 분야에서 양질의 교육프로그램을 만드는 데 도움을 줄 수 있는 사람들이다. 인간관계론, Social Network, 사회학, 심리학, 커뮤니케이션 분야에서 전문성을 가지고 있는 교수, 학자, 컨설턴트, 전문 강사 등이 이에 해당된다.

약점 - 내가 전문 강사로 활동하는 데 가장 취약한 점은 교안작성 능력이다. 따라서 파워포인트 제작에 도움을 주거나 직접 만들어 줄 수 있는 사람들을 만나야 한다.

기회 - 나에게 강의 기회를 줄 수 있거나, 대중적으로 알려질 수 있는 홍보 기회를 줄 수 있는 사람들을 만나야 한다. 정기적으로 교육행사를 개최하는 온라인 커뮤니티 운영진, 기업 및 단체의 교육담당자, 교육 컨설팅 업체 직원, 교육 사이트 및 HRD 관련 월간지 관계자, 신문, TV 등 언론방송 종사자들을 우선적으로 만나야 한다.

위기 - 건강에 문제가 생기면 강의가 불가능해지며 강사료 수입이 중단될 수 있다. 따라서 지속적인 인세, 고정적인 수입이 발생할 수 있는 방법을 대비책으로 마련해 놓아야 한다. 이를 위해서는 온라인 교육프로그램 제작 및 교육용 오디오 테이프와 CD제작업체, 자기계발서를 메인으로 출간하는 출판사 종사자들을 우선적으로 만날 필요가 있다. 이외에도 저작권에 관련된 문제가 발생될 수 있으므로 필요한 조언을 해 줄 수 있는 변호사, 저작권 전문가를 만나도록 노력해야 한다.

인생에서 인간관계는 무엇보다 중요하다. 애경사가 생겼을 때, 긴급한 질병으로 병원에 입원해야 하는데 병실이 없을 때, 법률적인 문제로 억울한 상황에 처했을 때, 사업 자금이 부족할 때, 계약과 관련된 정보나 자료가 필요할 때, 마케팅을 위한 제휴나 홍보가 필요할 때, 기타 취업, 채용, 소개, 추천 등 일상생활에서 도움과 협력을 필요로 하는 경우는 그야말로 일상다반사이다. 따라서 평상시에 많은 사람들을 만나고 친밀한 관계를 형성해 놓는 것은 인생을 슬기롭게 살기 위한 매우 중요한 과제이다.

다시 한 번 강조하면 만남에 앞서 어떤 사람들을 만나야 하는지 곰곰이 생각해 보라. 어떤 사람들을 만나야 되는지 알고 있어야 그런 사람들과 만나기 위해 노력할 수 있다. 그리고 사회에서 그들을 실제로 만났을 때 지속적인 관계로 발전시켜 나갈 수 있다. SWOT 분석표에 만나야 할 사람 리스트를 직접 작성해 보라.

내가 만나야 할 사람들의 SWOT 분석표

(S) 강점의 개발, 강화와 관련된 사람	(O) 기회의 제공, 창출과 관련된 사람
(W) 약점의 보완, 제거와 관련된 사람	(T) 위기의 예방, 극복과 관련된 사람

4. 만남은 확률게임이다

인생에서 새로운 사람을 몇 명이나 만날 것인지는 어디까지나 각자의 생각과 상황에 달려있다. 좋은 인맥을 만들고 싶거나 지속적으로 신규고객을 만들어야 하는 영업사원의 경우에는 새로운 만남이 많으면 많을수록 좋을 것이다. 따라서 가장 중요한 것은 목표설정이다. 1주일, 또는 한 달에 몇 명을 만날 것인지에 대한 구체적인 목표를 세워야 새로운 사람들을 만나기 위해 노력할 수 있다.

그렇다면 새로운 만남의 목표는 어떤 방법으로 세우면 좋을까? 영국의 문화인류학자 로빈 던바(Robin Dunbar)는 '진정한 의미에서 사회적인 관계를 맺을 수 있는 최대 숫자를 150명'이라고 했고, 미국의 전설적인 자동차 판매왕 조 지라드(joe girard)는 '모든 사람은 평균 250명과 중요한 관계를 유지한다'라고 했다. 이 숫자를 참고로 생각해 보면 다음과 같이 인맥 구축의 목표를 설정할 수 있다. 인맥을 구축하는 기한은 개인의 자유지만, 인맥관리 교육에서는 기본적으로 5년 내에 형성하는 것을 권고한다.

:: 일반인, 직장인

일반인, 직장인의 경우 250명 정도의 인맥이 형성될 때까지 새로운 사람을 만날 필요가 있다. 250명이 너무 적거나 이미 250명의 인맥을 보유하고 있으면 500명을 목표로 한다.

:: 자영업자, 전문직 종사자

1인 기업가, 전문직 종사자의 경우 500명 정도의 인맥이 형성될 때까지 새로운 사람을 만날 필요가 있다. 너무 적다고 생각하면 1,000명을 목표로 한다.

:: 기업 CEO

기업 CEO의 경우 1,000명 정도를 인맥으로 만들 때까지 새로운 사람을 만나는 것이 바람직하다. 사실 대한민국에서 제대로 비즈니스를 하려면 1,000명의 인맥만으로도 부족하다. 따라서 1,000명이 너무 적다고 생각하면 2,000명을 목표로 한다.

:: 영업사원

영업사원의 경우 2,000명 이상을 인맥으로 만들 때까지 새로운 사람을 지속적으로 만나야 한다. 너무 적다고 생각하면 3,000명을 목표로 한다. 내가 아는 보험영업사원 A는 PDA에 등록되어 있는 사람의 수가 3,700명에 이른다.

여기서 말하는 인맥은 전통적인 인맥과 휴먼 네트워크를 모두 포함한다. 즉, 끈끈하고 밀접하게 지내는 사람들뿐만이 아니라 그저 어느 정도 알고만 지내는 사람들도 모두 포함된 숫자이다. 여기서 휴먼 네트워크는 적어도 1년에 1~2차례 이상은 서로 지속적인 연락을 주고받는 관계를 의미한다. 따라서 영업사원이 일방적으로 연락하는 고객은 휴먼 네트워크에 포함되지 않는다.

각자의 대인관계 역량에 따라 차이가 있겠지만, 인맥관리에서는 1,000명의 사람을 만났을 때 평균 14명 정도와 친밀한 관계가 형성된다고 본다. 그리고 그 중 70명 정도는 어느 정도 알고만 지내는 관계로 이어진다. 따라서 내가 한 달에 200명의 새로운 사람을 만난다면 친밀한 인맥은 3명, 휴먼 네트워크는 14명 정도가 만들어지는 것이다.

  반대로 내가 한 달에 친밀한 인맥을 10명, 휴먼 네트워크를 50명 만들고 싶다면 평균 700명 정도를 만나야 한다. 물론 이것은 불특정 다수를 대상으로 개인적 접촉이 이루어지는 만남에 해당된다. 특정한 모임이나 단체 가입, 교육과정 참여, 일대일 만남 등에서는 관계의 공시성과 연속성이 명확하기 때문에 비교적 높은 확률로 인간관계가 형성된다. 여기서 만난 사람은 스쳐지나간 것이 아니라 개인적인 인사, 대화와 접촉을 주고받았던 사람들을 기준으로 측정하는 것이다.

  다시 한 번 강조하지만 인맥관리는 확률게임이다. 많은 사람을 만나면 그 중에서 성격과 취향이 비슷하고 잘 통한다는 느낌을 갖게 되는 사람이 적지만 반드시 나타난다. 그러면서도 비즈니스적인 도움을 주고받을 수 있는 사람은 정말 극소수에 불과하다. 따라서 좋은 인맥을 만들기 위해서는 많은 사람들을 만나는 것이 필수불가결한 전제조건이다. 10명의 인맥과 50명의 휴먼 네트워크를 만들고 싶다면 새로운 사람 700명을 만나야 한다는 사실을 명심하라. 이것이 751법칙이다. 70명을 만나면 5명의 휴먼 네트워크와 1명의 전통적 인맥이 만들어진다. 반대로 1명의 인맥, 5명의 휴먼 네트워크를 만들려면 70명을 새롭게 만나야 한다. 앞으로 내가 몇 사람의 인맥과 휴먼 네트워크를 형성할 것인지 목표를 세워라. 그리고 751법칙을 적용하여 한 달에 몇 명 만나야 되는지 알아보자.

새로운 만남의 목표

유형	목표 인원(인맥+휴먼 네트워크)			새로운 만남의 목표(명)		
	1년	1개월	1주일	1년	1개월	1주일
예	120명	10명	2.5명	1,400명	120명	30명
일반인/ 직장인						
자영업자/ 전문직 종사자						
기업 CEO						
영업사원						

5. 새로운 만남이 어려운 이유

인생에서 그토록 만남이 중요함에도 불구하고 사회에서 좋은 만남을 갖는 것은 말처럼 쉽지 않다. '친구 잘못 만나면 감옥 간다' '여자 팔자는 뒤웅박 팔자' '동업 잘못하면 패가망신한다' 라는 말들은 모두 만남의 중요성에 대해 생각해 보게 한다. 우리 주변을 둘러보면 친구, 배우자, 동업자를 잘못 만나서 인생을 망치는 경우가 적지 않다. 이토록 만남이 어려운 이유는 과연 무엇일까? 좋은 만남이 어려운 이유를 10가지로 정리하면 다음과 같다.

:: 만남을 하늘의 뜻으로 생각한다

많은 사람들이 만남은 하늘이 내려주는 운명이라고 생각한다. 불교의 인연설과 관련지어 그렇게 생각하는지는 모르겠지만 어디까지나 만남은 노력이고, 일종의 기술이다.

사람과 사람의 만남은 하늘이 정해주는 것이 아니라 내가 얼마나 발품을 파느냐에 달려 있다. 내가 개울로 가느냐, 아니면 강이나 바다로 가느냐에 따라 만나는 사람이 달라진다. 사회에 퍼져 있는 걱정스러운 고정관념 중에 하나가 '만남은 운명처럼 이루어져야 한다' 는 것이다. 이런 생각으로는 우물 안에 있는 개구리밖에 만날 수 없다. 우물을 뛰어넘어야 더 넓은 하늘을 볼 수 있고, 다른 세상의 사람들을 만날 수 있다. 만남은 하늘의 뜻이 아니라 나의 의지에 달려있음을 명심하라.

대부분 사람들은 만남의 가치를 소중히 여기지 않는다. 특히 인터넷의 발달로 인해 사람들과 쉽게 친해졌다 소원해지는 만남이 많아지면서 만남과 헤어짐에 대해 가볍게 생각하는 경향이 더욱 심해졌다. 그러나 이런 마음가짐으로는 좋은 만남을 만들 수 없다. 어떤 사람을 만나든 평생 단 한 번의 만남처럼 생각하고 대하는 일기일회(一期一會)의 만남을 가져야 한다. 만남을 소중하게 생각하라.

:: 유유상종한다

사람은 친숙한 것, 익숙한 것에서 벗어나면 불편함을 느낀다. 인간관계도 마찬가지다. 대부분 사람들은 낯선 사람들에게 말을 건네고, 악수를 나누고, 대화를 이어가는 것을 어렵고 불편하게 생각한다. 마찬가지로 동일하지 않은 사회적 지위, 가치관, 행동양식, 언어, 문화습관을 가지고 있는 사람들보다는 자신과 비슷한 수준의 사람들끼리 어울리는 것을 선호한다. 이렇게 유유상종하는 습관을 버리지 못하면 좋은 만남은 만들어지지 않는다. 내가 놀던 물에서 떠나 큰 물로 가야 한다. 고래를 잡고 싶으면 바다로 가라.

:: 많이 만나지 않는다

좋은 만남은 쉽게 만들어지지 않는다. 사회에서 여러 사람들을 만나도 내 마음에 드는 사람 한 명을 찾기가 어렵듯, 많은 사람을 만나도 일부만 좋은 만남으로 남는다. 그런데도 대부분의 사람들은 새로운 사람을 많이 만나지 않는다. 그러면서도 좋은 인맥을 만들기 어렵다고 한다. 많이 만나지 않으면 좋은 만남은 절대로 만들어지지 않는다. 무조건 많이 만나라.

:: 머리품을 팔지 않는다

만남은 기술이고, 기술은 연구하지 않으면 늘지 않는다. 좋은 만남을 만들고 싶으면 나보다 지위가 높고, 뛰어난 사람들을 어떻게 만날 수 있는지 계속 고민해야 한다. 그러나 대부분의 사람들은 아무 생각 없이 발길에 차이는 대로 만난다. 좋은 만남을 만들고 싶으면 끊임없이 머리품을 팔아라. 그래야 나만의 노하우가 만들어진다.

:: 목표가 없다

만남은 실천에 달려있고, 실천에는 목표가 필요하다. 좋은 인맥을 만들고 싶어도 언제까지 몇 명을 만들 것인지에 대한 구체적인 목표가 없으면 효율적인 인맥을 구축하기 어렵다. 마찬가지로 좋은 만남을 만들고 싶으면 정확한 목표가 있어야 한다. 1주일, 한 달, 1년에 새로운 사람을 몇 명 만날 것인지 목표를 세워라. 그리고 어떤 방법으로 만날 것인지 세부적인 목표를 세워라.

:: 돈을 아낀다

만남이 어려운 대표적인 이유는 돈 쓰는 것을 아까워하기 때문이다. 만남에는 시간도 필요하고 정성도 들어가지만 무엇보다 돈이 많이 들어간다. 모임이나 행사에 참석하려면 교통비와 회비가 필요하고, 경우에 따라서는 선물이나 식사, 술을 접대하는 비용도 들어간다. 그런데 사람들은 돈 쓰는 것을 아까워한다. 처음에 1~2번은 당연하게 생각하지만 횟수가 많아지면 돈이 아깝고, 부족해서 만남을 줄여가기 시작한다. 그러나 '돈을 남기지 말고 사람을 남겨라' 는 말처럼 돈을 아껴서는 절대 좋은 만남을 만들기 어렵다. 좋은 인맥, 새로운 고객을 만들고 싶다면 돈을 아끼지 말고 사람을 아껴라.

:: 시간 관리를 하지 않는다

만남에는 시간도 많이 소요된다. 따라서 회사업무에 매여 있는 직장인이나 바쁜 전문직 종사자, 자영업자들의 경우에는 시간을 핑계로 만남을 소홀히 하기 쉽다. 그러나 좋은 사람을 만나려는 노력은 시간이 남아서 하는 것이 아니라 없는 시간을 쪼개서 투자해야 하는 것이다. 좋은 만남을 만들고 싶으면 시간 관리를 철저하게 하면 된다. 아침에 1시간만 일찍 일어나고, 점심시간을 최대한 활용하고, 업무 후에 술자리만 줄여도 새로운 사람을 많이 만날 수 있다. 또는 주말에 집에서 TV를 보거나 낮잠을 자는 시간을 줄이면 더 많은 사람들을 만날 수 있다. 누구에게나 시간은 공평하게 24시간 주어진다. 부족하다는 불평만 늘어놓지 말고 자투리 시간을 활용하여 최대한 많은 사람을 만나라.

:: 대박을 쫓고 단타를 한다

주식투자를 할 때 개미투자가들의 공통적인 특징은 대박을 쫓아 단기투자를 한다는 점이다. 그런데 유감스럽게도 많은 사람들이 똑같은 방법으로 인간관계를 한다. 만나는 사람마다 좋은 인맥이 될 것이라는 허황된 기대를 하고, 2~3개월 안에 친밀한 관계가 형성되기를 바란다. 이런 식의 인간관계는 주식투자와 마찬가지로 쪽박을 차게 될 뿐이다. 사람을 만날 때는 단타를 하지 말고 장기투자를 하라. 대박을 쫓지 말고 조금씩 인연의 결실이 맺어질 것을 기대하라. 인간관계는 절대로 하루아침에 만들어지지 않는다.

:: 발전하지 않는다

만남은 자석과 같다. 내가 매력과 능력을 갖추면 다른 사람들을 끌어당길 수 있는 자력이 강해진다. 따라서 좋은 만남을 만들려면 개인적인 성장을 멈추지 말아야 한다. 그러나 대부분 사람들은 자신의 분야에서 최고 전문가가 되거나 자신만의 차별화된 강점, 역량을 갖추기 위해 땀 흘려 노력하지 않는다. 좋은 만남을 만들려면 하루하루 진화하는 사람이 되어야 한다.

이상과 같이 만남이 어려운 10가지 이유를 알아보았다. 나는 어떤 이유 때문에 좋은 만남이 만들어지지 않는지 자문해 보라. 그리고 앞의 사항들을 빠짐없이 실천하면 틀림없이 좋은 만남이 만들어질 것이다.

만남 준비하기

HUMAN RELATIONS

제 3 장
만남 준비하기

1. 모든 만남에 반드시 적용되는 법칙

만남에는 일정한 단계와 법칙들이 존재한다. 이러한 법칙들을 잘 알고 있어야 좋은 인연을 효율적으로 만들 수 있다. 만남을 너무 가볍게 생각해서도 안 되고, 반대로 모든 만남에 집착해서도 안 된다. 그저 물 흐르는 대로 만나고, 물이 머무는 곳에서 다른 사람들과 함께 어우러질 수 있어야 한다. 다음은 모든 만남에 반드시 적용되는 법칙이다. 이 5가지 법칙을 항상 명심하고 실천하라.

:: 확률의 법칙

인연은 확률게임이다. 만나는 모든 사람과 친구가 될 수 없고, 또 친구가 될 필요도 없다. 여러 모임, 단체, 행사에 참석해 봐도 정작 지속적으로 만나는 사람은 손에 꼽을 정도로 적다. 따라서 많은 사람들과 좋은 관계를 유지하기 원한다면 많은 사람들을 만나야 한다. 많은 사람을 만나면 그 중

일부와 필이 통하고, 코드가 맞다. 또 그 가운데에서도 공적으로나 사적으로 도움을 주고받을 수 있는 관계로 발전할 수 있는 사람이 있다. 사람을 많이 만나지 않으면서 좋은 인맥이 저절로 많이 만들어지기 원하는 것은 무모하고, 어리석은 일이다. 좋은 인연을 많이 만들고 싶다면 무조건 많이 만나라.

: : 물의 법칙

고래를 잡으려면 어디로 가야할까? 당연히 바다로 가야한다. 미꾸라지는 개천에 살고, 붕어는 강에 살고, 고래는 바다에 산다. 사람도 마찬가지다. 각자 자기가 속한 분야나 업계에 몸을 담고 살아간다. 따라서 내가 속한 물에서 벗어나지 않으면 다양한 사람들을 만날 수 없다. 다른 세계에 사는 사람들과 만나고 싶으면 내가 놀던 물에서 벗어나라. 개천을 떠나서 강으로, 강을 떠나서 바다로 헤엄쳐 가라.

: : 용기의 법칙

용기 있는 자는 미인뿐만이 아니라, 친구도 얻는다. 대부분의 사람들은 먼저 다가가는 것을 부끄러워하거나 무관심한 태도로 일관하고, 상대방이 다가와 주기만을 바란다. 특히 우리 사회는 이런 현상이 더욱 심하다. 대다수의 사람들이 먼저 인사를 건네거나 말 거는 것을 어려워한다. 하지만 이렇게 수동적인 자세로는 새로운 사람을 만날 수 없다. 좋은 인연을 만들고 싶으면 내가 먼저 손을 내밀고, 상대방에게 악수를 청해야 한다. 누군가를 만나면 먼저 미소를 짓고, 인사를 하고, 따뜻한 말을 건네라. 용기 있는 사람만이 좋은 인맥을 얻을 수 있다.

좋은 사람을 많이 만나도 사람을 끌어당기는 힘이 부족하면 관계를 유지하기 어렵다. 따라서 사람을 끌어당길 수 있는 자력이 있어야 한다. 인간관계에서 강력한 자력은 매력과 능력이다. 나만의 매력, 또는 전문적인 능력을 갖추고 있어야 사람을 끌어당길 수 있다. 또한 자력이 강한 사람은 일일이 찾아다니지 않아도 사람들이 몰려오기 마련이다. 매력과 능력을 갖춰 다른 사람들을 주변으로 끌어당기는 사람이 되라.

세상은 넓지만, 사회는 좁다. 여기저기 다니다 보면 1년 전 인터넷 카페에서 만났던 사람도 우연히 다시 만나고, 10년 전 같은 직장에서 근무했던 사람도 다시 만나고, 20년 전 대학에서 동아리 활동을 같이 했던 사람도 다시 만난다. 만남은 언제 어디서 어떻게 이어질지 아무도 모르는 신기한 것이다. 우연히 만난 사람이 알고 보니 친구의 친구이거나, 어린 시절 옆 동네에서 함께 살았거나, 나와 같은 직장에 다니는 동료의 후배가 되기도 한다.

미국의 사회심리학자 스탠리 밀그램(Stanley Milgram)은 편지전달 실험을 통해 세상의 모든 사람들은 6명만 거치면 서로 연결된다고 주장하였다. 만나면 헤어질 때가 있는 것이 만남이지만 언제 어디서 다시 만날지 모르는 것도 만남이요, 인연이다. 따라서 사람을 만날 때는 항상 최선을 다하는 마음으로 정성껏 만나야 한다.

만남의 법칙 점검표

만남의 법칙	점검 사항
확률의 법칙	일주일에 몇 명을 만나는가? 한 달에 몇 번 애경사와 행사에 참석하는가? 1년에 몇 개의 모임과 단체에서 활동하는가?
물의 법칙	내가 만나고 싶은 사람은 누구인가? 그 사람들이 활동하는 물(무대)은 어디인가? 그 물로 가려면 어떻게 해야 하는가?
용기의 법칙	평소에 다른 사람에게 먼저 인사를 건네는가? 평소에 다른 사람에게 먼저 말을 건네는가? 평소에 다른 사람에게 먼저 명함 교환을 시도하는가?
자석의 법칙	사람들을 끌어당기기 위해 어떤 자력을 갖출 것인가? 사람들을 끌어당길 수 있는 나의 매력은 무엇인가? 사람들을 끌어당길 수 있는 나의 전문적인 능력은 무엇인가?
좁은 세상의 법칙	처음 만난 사람과의 인연을 소중하게 대하고 있는가? 만났던 사람에게 좋은 인상을 남기려고 노력하는가? 일기일회(一期一會)의 마음으로 사람들을 대하고 있는가?

2. 좋은 인맥을 만나기 위한 10계명

:: 먼저 꿈을 가져라

좋은 인맥을 만나고 싶거든 꿈을 크게 가져라. 꿈이 큰 자는 큰 인맥을 찾고, 꿈이 작은 자는 작은 인맥을 찾는다. 좋은 인맥을 만나 함께 이루고 싶은 큰 꿈을 가져라.

:: 좋은 인맥 리스트를 작성하라

좋은 인맥이 무엇인지, 누구인지 정의하라. 만나고 싶은 사람의 이름을 리스트로 정리하고 꼭 만나겠다고 생각하라. 또는 분야나 업계별로 세분하여 거기에 종사하는 유명한 사람을 250명 정도 적어라.

:: 좋은 인맥을 찾아가라

좋은 인맥을 찾아가라. 메일을 보내고, 전화를 하고, 방문하라. 손정의는 16세 때 일본 맥도날드 경영자 후지타 덴을 만나기 위해 1주일을 매일같이 찾아갔다. 좋은 인맥을 먼저 찾아 나서라.

:: 좋은 인맥을 물려받아라

멘토(스승, 지도자, 상사)에게 인맥을 물려받아라. 멘토가 없으면 좋은 인맥을 찾아가 멘토로 만들어라. 네가 10년 걸려도 못 만날 좋은 인맥을 가지고 있는 사람을 멘토로 삼으라.

:: 좋은 인맥으로 만들어라

멘티(제자, 추종자, 부하)를 좋은 인맥으로 만들어라. 멘티가 없으면 될 성부른 인맥을 찾아 멘티로 만들어라. 인맥에는 유효기간이 없으니 5~10년을 내다보고 멘티의 성장과 발전을 후원하라.

:: 좋은 인맥을 불러 모아라

좋은 인맥이 교류할 수 있는 이벤트나 프로젝트를 추진하라. 단체와 조직을 만들고, 다양한 모임과 행사를 개최하라. 가치 있는 일, 즐거운 일, 특이한 일을 벌여서 좋은 인맥을 불러 모아라.

:: 온라인에서 만나라

좋은 인맥이 개설한 커뮤니티, 블로그, 미니홈피를 방문하라. 언론계, 정계, 재계 등에서 개설한 인터넷 사이트를 찾아서 활동하라. 동문회, 지역 모임, 취미 모임, 스터디 모임, 비즈니스 모임에 참여하라.

:: 오프라인에서 만나라

팬클럽, 후원회에 가입하라. 조찬 모임, 포럼에 참석하라. 고위 과정에 참여하라. NGO, 정당, 종교 활동에 참여하라. 관심 있는 분야, 업계의 대표적인 단체, 협회에서 활동하라.

:: 만남의 기회를 늘려라

취미를 다양하게 늘려라. 경조사에 많이 참여하라. 사람과 사람을 서로 연결시켜 주어라. 점심 약속을 많이 만들어라. 단골 거래처를 만들어라.

여행을 떠나라. 저녁 모임에 참석하라. 다른 사람의 일을 도와줘라.

:: 끈기를 지녀라

좋은 인맥은 하루아침에 만들어지지 않는다. 42.195km의 마라톤을 완주하기 위해서는 먼저 195m를 달려야 한다. 좋은 인연의 끈을 만드는 것은 끈기다. 포기하지 말고, 도전하는 끈기를 지녀라.

3. 무엇을 가지고 만나야 하나?

짧은 찰나의 만남을 평생 이어가기 위해서는 노력과 정성이 필요하다. 연애의 선수들이 첫 만남에서 이성을 사로잡기 위해 많은 준비를 하듯, 상대방과 좋은 인연으로 발전하려면 첫 만남에 대한 세심한 준비가 필요하다. 만남에 앞서 무엇을 준비해야 하는지 구체적으로 알아보자.

:: 명함

명함은 만남을 이어가기 위해 필요한 가장 기본적인 도구다. 서로 연락처를 주고받아야 헤어지고 나서도 추가 접촉이 가능해진다. 약속이 생기면 반드시 명함을 챙기고, 명함이 없으면 메모지에라도 연락처를 적어 주고받아라. 메모지도 없으면 휴대폰에 바로 저장을 하라. 명함을 만들 때는 다시 만나고 싶은 생각이 들 수 있도록 기대감을 형성할 수 있는 요소를 반영하여 만드는 것이 좋다. 기대감은 전문성, 정보, 기회, 자원, 긍정적인 정서, 꿈이나 비전을 토대로 형성할 수 있다.

:: 특이한 물건

특색 있는 물건을 한 가지쯤 가지고 다니는 것도 좋다. 마술도구, 외국
지폐, 엽전, 골동품, 주사위, 열쇠고리, 마스코트, 특이한 시계나 반지, 팔
찌, 목걸이, 멋진 사진, 그림, 카드 등을 가지고 다니면 대화의 소재가 되
거나 전이효과, 연상효과 등으로 인해 쉽게 상대의 호감을 살 수 있다.

나는 평소에 염주를 하고 다니는데 대화가 중단되면 손목에 차고 있는
염주를 보여주며 절, 템플스테이, 종교, 여행, 취미 등을 주제로 이야기를
풀어나간다. 염주와 같은 종교적인 상징물은 긍정적인 이미지와 신뢰감
형성에 도움을 주기 때문에 첫 만남에서 마음의 벽을 허무는 데 좋다.

:: 자기소개서

새로운 만남을 준비할 때는 상대와 상황에 맞는 자기소개서를 준비하
라. 자기소개서는 만나는 사람, 장소, 소개 시간 등에 따라 달라지지만 공
통적인 것은 이름, 하는 일, 목표, 취미, 관심 사항, 강점, 장점 등에 대해
말하면 된다. 자기소개서의 목적은 나에 대한 호감과 신뢰감을 형성하는
것이기 때문에 어떻게 하면 내가 유능하고, 성격이 좋고, 성실한 사람이라
는 것을 전달할 수 있는지 고민해서 만들어야 한다.

'면접을 보러 가는 것도 아닌데 왜 힘들게 자기소개서를 준비해야 돼?'
라고 생각할 수도 있다. 수많은 사람들과의 짧은 만남 속에서 1분 내외의
자기소개서에 따라 관계의 승패가 달려있다는 사실을 명심하라. 헤어질
때 다시 만나고 싶은 사람이 될 수 있도록 자기소개서를 꼼꼼하게 작성해
보자.

만남에 앞서 상대방에 대한 정보를 수집하라. 어떤 사람인지, 무슨 일을 하며, 취미는 무엇인지, 성향이나 스타일, 분위기는 어떤지 조사하라. 몇 년 전 한 식품업계 K회장과 개인적으로 만나게 되었다. 약속을 1주일 앞두고 인터넷에서 검색해 보니 몇 가지 정보가 올라와 있었다. 그러나 정보가 부족한 느낌이 들어 K회장 자서전을 구매했다. 며칠 후 K회장을 만나, 젊은 시절 택시 운전과 공사판을 전전하며 노가다를 했던 것부터 자수성가하여 지금에 이르기까지 겪었던 일들에 관한 많은 이야기를 나누었다. 당연히 지금까지 좋은 관계로 인연을 이어가고 있다.

새로운 사람을 만날 때는 대화를 나눌 만한 적당한 소재를 미리 생각하라. 오늘의 주요 뉴스, 최근 논란이 된 사회적 이슈, 인기 영화와 드라마, 축구나 야구 같은 스포츠, 경제나 재테크, 정치 분야, 기타 시사 상식 등에서 찾으면 무난하다. 그리고 만나면 상대방과 상황을 고려하여 이야기보따리를 풀어놓으면 된다.

오늘 저녁, 각계인사모임에 참석한다고 가정해보자. 다양한 주제의 이야기가 나오겠지만, 혹시라도 대화가 원활하지 않으면 최근의 경제 위기, 주가 폭락, 며칠 전 관람한 연극, 직불금 문제, 프로야구 플레이오프전 등에 대해 자연스럽게 꺼내면 대화의 흐름을 원만하게 이어갈 수 있을 것이다. 좋은 대화는 편안한 분위기를 만들고, 편안한 분위기는 당신을 다시 만나고 싶은 사람으로 기억하게 만들 것이다.

간단한 유머를 준비하는 것도 좋은 방법이다. 딱딱한 분위기를 부드럽게 하거나, 대화가 끊겨 어색할 때 유머를 사용하면 한층 편안하고 즐거운 만남이 된다. 인터넷이나 책을 통해 최신 유머 몇 개 정도는 항상 머릿속에 기억하라.

:: 선물

상대방에게 줄 간단한 선물을 준비하라. 가장 일반적인 선물은 행운의 2달러, 로또, 책 등이다. 보험영업사원들은 껌, 사탕, 초콜릿, 메모지, 볼펜 등을 많이 선물하고, 자동차영업사원들은 교통지도, 여행정보자료 등을 많이 선물한다.

기업체에 강의를 나갔을 때 강사료 외에 몇 곳에서 선물을 주었다. 코리아나에서는 화장품을, 동원그룹에서는 참치세트를, 하이리빙에서는 꽃다발과 발모제 세트를 선물 받았다. 이렇게 선물을 받은 기업에는 좋은 인상을 갖게 되고, 강의 후에도 다시 한 번 감사의 인사를 전하며 연락을 취하게 된다. 최근에는 바이오맥스의 마성만 팀장으로부터 죽염을, 인맥관리 사이트 샬록홈즈를 운영하는 이명훈 팀장으로부터 명함자동정리기를 선물로 받았다. 당연히 두 사람에게 더 많은 관심을 갖게 되었다.

누군가를 만날 때는 빈손으로 만나지 말고, 상대방에게 줄 작은 선물을 준비하라. 소중한 사람이면 상품권이나 초대권이 좋고, 처음 만나는 사람이거나 친분이 두텁지 않은 사이라면 1만 원 미만의 선물을 건네라. 밸런타인데이나 화이트데이와 가까울 때는 초콜릿이나 사탕을, 연말연시에는 캘린더가 좋은 선물이 될 수 있다.

:: 연결 고리

다른 사람을 만날 때는 연결 고리를 가지고 만나야 한다. 여기서 연결 고리는 첫 번째 만남에서 헤어지고 난 후 자연스럽게 재접촉이 이뤄질 수 있는 경로, 방법, 수단을 뜻한다. 다음과 같이 해보자.

- 홈페이지, 인터넷 카페, 블로그, 미니홈피를 운영하고 있으면 회원 가입이나 방문을 부탁하라.
- 참석 예정인 모임이나 행사에 상대방을 초대하라.
- 도움이 될 정보나 자료를 이메일로 발송해 주겠다고 약속하라.
- 본인의 회사에서 취급하는 상품이나 서비스 상품을 보내주겠다고 말하라.
- 좋은 인맥을 소개시켜 주겠다고 말하라.
- 식사나 차를 대접하겠다고 말하라.
- 비즈니스 미팅을 요청하고, 구체적인 날짜를 정하라.

기타 어떤 것이 되었든 헤어진 후 자연스럽게 다시 연결될 수 있는 고리를 만들어서 만나야 한다. 나는 가장 일차적으로 다음카페 '교육의 모든 것'에 회원 가입을 권유한다. 그 다음으로는 내가 쓴 책을 보내주겠다고 하고, 상대방이 어느 정도 사회적 지위가 있을 때는 내가 주관하는 각계 인사 모임에 초대한다. 상황에 따라서는 상대방이 운영하는 홈페이지, 블로그, 미니홈피에 꼭 방문하여 방명록을 남기고, 느낌을 알려주겠다고 말한다. 그리고 실제 방문한 후, 거기에 대한 소감을 소재로 다시 연락을 취한다. 사소한 것도 좋은 연결 고리가 될 수 있다는 것을 명심하고 인간관계를 자연스럽게 이어갈 수 있는 자신만의 연결 고리를 찾아 준비하라.

:: 돈

사람들을 만날 때는 돈을 넉넉하게 준비하라. '돈을 남기지 말고, 사람을 남기라' 는 말에는 고개를 끄덕이면서도 막상 만나서 돈 쓰는 것을 아까워하는 사람이 많다. 사람을 만날 때는 돈이 아니라 사람이 재산이라는 투자마인드를 가지고 만나야 한다. '인간 복덕방' 이라는 별명을 갖고 있는 연예인 조영남 씨에 대한 인터뷰가 신문에 실린 적이 있었다. 주변 사람들은 그의 가장 큰 장점을 '돈은 반드시 조영남이 낸다' 로 꼽았다. 좋은 만남을 만들고 싶으면 금전적으로는 흑자를 보지 말고, 적자를 보라.

:: 정(情)

사람을 만날 때는 정을 가지고 만나야 한다. 누구나 인정 많고 온정을 잘 베푸는 사람을 좋아한다. 차갑거나 냉정한 인상을 주지 말고, 상대방이 따뜻함을 느낄 수 있는 사람이 되라. 정이 많은 사람은 만남을 좋아하고, 사람을 좋아하고, 함께 있는 것을 좋아한다. 또한 정이 많은 사람은 다른 사람의 기쁨을 함께 기뻐하고, 다른 사람의 슬픔을 내 일처럼 슬퍼한다.

:: 소망

사람을 만날 때는 큰 인연으로 만들어지기를 소망하며 만나라. 상대방과의 만남이 인생에서 소중하고 귀한 인연으로 발전되길 간절히 원하라. 그리고 반드시 좋은 만남이 되도록 노력하겠다는 결심을 하고 만나라. 관계는 100% 노력에 달려있다.

좋은 만남을 만드는 10가지 준비물

항목	실천 과제
명함	
특이한 물건	
자기소개서	
대화 소재	
사전 정보	
선물	
연결 고리	
돈	
정(情)	
소망	

4. 모임에 참가하는 기술

새로운 사람을 만나기 위해 모임이나 행사에 참석할 때는 좋은 만남이 이루어지도록 충분한 사전 준비가 필요하다. 아마 소개팅에 나가기 위해 준비하는 정성의 10분의 1만 기울여도 좋은 인연을 많이 만들 수 있을 것이다. 그러나 대부분 아무런 준비나 노력 없이 모임에 참석한다. 좋은 인연은 저절로 주어지는 것이 아니다. 따라서 좋은 인맥을 만들기 위해 모임에 참석한다면 그에 걸맞은 노력을 기울여야 한다. 사회에서 새로운 사람을 만날 수 있는 모임이나 행사에 참석할 때 다음 사항을 참고하라.

첫째, 쇼맨십

쇼맨십이란 관중을 즐겁게 해주려는 마음가짐을 의미한다. 모임이나 행사에 참석하면 구경꾼이 아닌 적극적으로 분위기를 주도하는 사람이 되어야 좋은 인맥을 많이 만들 수 있다. 그렇다고 반드시 주인공이 되어야 한다는 뜻이 아니라 다른 사람을 즐겁게 해주려는 마음과 행동을 의미한다. 재미있는 유머나 개인기를 준비할 수도 있고, 모임이나 행사의 진행을 도와줄 수도 있고, 간단한 선물이나 물품을 협찬할 수도 있다. 어떤 형태가 되었든 즐겁고 성공적인 모임이 될 수 있도록 주최자와 함께 노력하는 마음을 가지는 것이 중요하다. 다른 차원에서는 모임에 참석한 새로운 사람들과의 만남을 즐기려는 마음으로 해석해도 무방하다.

모임이 나에게 무엇을 줄 수 있는지를 생각하는 것보다 내가 모임을 위해 무엇을 할 수 있는지를 고민하는 마음은 좋은 만남, 좋은 인연을 만들어 줄 것이다. 모임에 참석할 때는 성공적인 행사가 될 수 있도록 주도적으로 참여하라.

다른 사람을 처음 만났을 때 첫인상에 가장 큰 영향을 주는 것은 복장이다. 따라서 때와 장소, 상황에 어울리는 옷차림을 갖추는 것이 중요하다. 세련된 복장과 헤어스타일로 호감을 살 수 있다면 금상첨화겠지만, 기본적으로 깔끔한 이미지를 줄 수 있으면 무난하다. 격식을 갖춘 모임에서 특별히 신경 써야 할 것은 앞단추이다. 답답한 마음에 와이셔츠 앞단추를 푸는 경우가 있는데, 양복을 입고 앞단추를 풀면 매우 단정치 못하고 산만한 이미지를 줄 수 있기 때문에 영업사원이나 비즈니스맨의 경우에는 특히 조심해야 한다.

그 다음으로 중요한 것은 넥타이다. 넥타이는 컬러와 디자인도 중요하지만 무엇보다 적당한 길이로 착용해야 한다. 너무 길게 착용하면 느슨한 이미지를 주고 너무 짧게 착용하면 약간 부족한 사람처럼 보이는 느낌을 주게 된다. 넥타이는 끝부분이 벨트 위를 약간 덮는 지점에서 끝나도록 착용하는 것이 적당하다. 복장 못지않게 자세도 중요한데, 대화를 나눌 때 바지주머니에 양손을 꽂고 있으면 인상에 큰 마이너스 요소가 된다. 매우 건방져 보일수도 있고, 경우에 따라서는 불량한 이미지를 형성할 수도 있다. 새로운 모임에 갔을 때는 항상 두 손을 아래로 가지런히 하거나, 앞으로 모으는 것이 좋다.

셋째, 인사와 대화

모임의 참석자가 많지 않을 때는 충분한 시간을 두고 대화를 나눌 수 있지만, 그렇지 못한 경우에는 적당한 속도로 여러 사람들과 인사를 나누며 명함 교환을 하고 대화를 나누는 기술이 필요하다. 명함은 될 수 있는 한 특색 있게 만들고, 넉넉하게 준비하라.

악수를 할 때는 적당한 악력으로 힘 있게 상대방의 손을 잡으면서 반드시 상대의 눈을 바라보아야 한다. 가장 중요한 것은 자기소개다. 자신이 어떤 사람인지 각인시킬 수 있는 10~20초 내외의 소개말을 준비하라. 다양한 분야의 참신한 소재로 대화를 이끌어 나갈 수 있는 이야깃거리도 몇 개쯤 미리 준비하라. 처음 만났을 때, 그리고 상대방과 헤어질 때는 반드시 인사말을 나눠라. '잠깐 인사 좀 드려도 되겠습니까?' '잠깐 다른 분들께 인사 좀 드리고 다시 뵙겠습니다' 라고 말하면 된다. 모임에서 많은 사람과 교류할 때 한 사람에게만 너무 오랜 시간을 할애하는 것도 곤란하지만, 짧은 시간에 많은 사람들과 형식적으로 인사를 나누고, 명함만 교환하는 것도 큰 의미가 없다. 인간관계는 명함이 아닌 마음을 교환해야 좋은 만남이 만들어지기 때문이다. 따라서 모임에 참석하면 한 사람 한 사람을 만날 때마다 최선을 다하라. 첫 만남에서 상대에게 호감을 살 수 있는 가장 좋은 방법은 상대방의 명함을 토대로 간단한 질문을 건네 관심을 가져 주는 것이다.

새로운 인맥을 만들기 위해 모임에 참가할 때는 사전에 참석자들에 대한 정보를 확인해 놓는 것이 바람직하다. 그리고 예정 시간보다 조금 일찍 행사 장소에 도착하여 주요 동선을 파악해야 한다. 그래야만 한정된 시간 안에 주최 측, 초청인사, 주요 인물들과 인사를 나눌 수 있는 기회가 마련되기 때문이다.

무엇보다 중요한 것은 짧은 시간에 나에 대한 호감과 기대감을 형성시키는 일이다. 특히 다시 만나고 싶은 사람이 되는 것은 기대감 형성에 달려 있다는 사실을 잊지 말고, 대화 중에 내가 제공할 수 있는 정보, 기회, 자원을 적극적으로 알려라. 다만, 지나치게 인위적으로 하는 것은 역효과가 날 수 있다는 것을 명심하고, 상대방과의 좋은 인연을 바라는 마음을 담아 자연스럽게 전달해야 한다.

5. 새로운 사람을 직접 만나기 어려울 때

인맥관리 교육을 할 때 사용하는 용어 중에 '일맥' 이라는 단어가 있다. 전통적인 인맥과 대비하여 사용하는 단어인데, 이 말을 사용하게 된 이유는 현대사회에서 인간관계를 맺는 양상에 변화가 일어나고 있기 때문이다. 변화가 일어난 대표적인 이유는 교통, 통신, 인터넷의 발달 때문이다. 현대사회는 교통의 발달로 인해 인간관계의 범위가 매우 넓어져 국제적으로도 인맥을 형성할 수 있는 기회가 많아졌다. 또한 통신과 인터넷의 발달로 전화, 문자, 이메일을 통한 커뮤니케이션의 양이 폭발적으로 증가하고 있으며, 이에 따라 일체의 대면접촉이 없는 인간관계도 많아졌다.

따라서 새로운 사람을 만나기 위한 시간적, 물질적 조건이 여의치 않을 때는 직접적인 만남 없이 인간관계를 맺을 수 있는 다양한 방법을 구사해 보는 것도 현명한 선택이다. 새로운 사람을 만나기 어려울 때는 다음과 같은 경로를 활용해 보라.

첫째, 문자메시지

문자메시지는 가장 효율적인 인맥관리 수단이다. 내가 알고 지내는 C작가와는 만난 지가 2년이 넘었다. 특이하게도 처음 만난 이후로 얼굴을 본 적이 한 번도 없는데, 요즘에도 1주일에 한 번씩은 문자를 주고받는 친근한 관계가 되었다.

나에게 꾸준히 문자를 보내오는 사람 중에 '백억 부자'라는 닉네임을 사용하는 김효범 씨가 있다. 내 저서를 읽고 연락처를 알게 된 모양인데, 하루도 빠짐없이 명언이나 유머를 발송해 온다. 매우 성실한 사람일거라는 생각이 들어 호감을 갖고 있었는데, 작년 연말에 연하장과 함께 전화가 와서 반갑게 통화를 하였다. 지인 중에 문자메시지를 가장 잘 활용하는 사람은 기아자동차 판매영업팀에 근무하는 문영주 차장이다. 문 차장은 매주 1,000명이 넘는 사람에게 문자를 발송한다고 하는데, 대단한 일이 아닐 수 없다.

2008년 8월부터 나는 〈푸른 고래의 문자이야기〉라는 제목으로 내가 좋아하는 명언을 문자메시지로 매주 발송하고 있다. 지금까지 신청자가 100여 명에 이르는데 그 중 과반수 이상은 한 번도 만나보지 못한 사람들이다. 새로운 책을 출간할 때마다 나는 일면식이 없는 모교의 총동문회 임원들이나 사회의 저명인사들에게 책을 보내면서 문자로 연락을 하는데, 이를 통해 새로운 인간관계를 많이 맺게 된다. 직접 만날 수 없다면 문자메시지를 최대한 활용하라. 인간관계는 커뮤니케이션에 달려있다.

둘째, 이메일

인터넷이 일상생활에 폭넓게 자리 잡으면서 인간관계에서도 중요한 역할을 차지하기 시작했다. 그 중에서도 메일을 통한 새로운 만남, 지속적인 인간관계의 유지는 문자메시지와 더불어 가장 효율적인 인맥관리 방법이 되고 있다. 나에게 이메일을 보내오는 사람들은 몇 가지 유형으로 나눠진다.

- 내가 쓴 책을 읽고 연락을 하는 유형이다. 저자와 독자의 관계로 새로운 만남이 이루어진다.
- 강의를 듣고 연락을 하는 유형이다. 얼마 전에는 여성부에 근무하는 한 여성이 직장 내에서 겪고 있는 갈등과 관련하여 조언을 구하는 메일을 보내왔다.
- 카페, 블로그, 인맥관리 사이트 등에서 메일주소를 보고 연락을 하는 유형이다.

반대로 내가 메일을 보내는 경우는 대부분 작가, 강사, 기자, 방송인, 인맥관리 비즈니스 종사자 등이다. 최근에는 예전만큼 못하고 있지만, 3년 전만 하더라도 인터넷을 검색하여 만나고 싶은 사람들에게 메일을 하루도 빠짐없이 발송하였다. 메일은 새로운 사람과의 인간관계를 맺기 위한 매우 유용한 방법이다. 만날 시간이 없다면 메일을 보내라.

셋째, 전화 및 기타

문자메시지나 이메일을 활용하는 것 외에 전화를 하거나 편지, 엽서를 보내는 것도 가능하다. 그러나 전화는 직접적인 용건이 있는 경우라야 무난하다. 한 번도 만난 적이 없는 사람에게 전화를 걸어 안부를 묻는다는 것도 어렵고, 설사 상대방이 넓은 포용력으로 받아준다고 하더라도 어색하고 불편한 상황을 초래할 가능성이 많다.

이러한 경우에는 1년에 1~2번 명절이나 연말연시에 인사를 겸하여 전화를 하는 것이 좋다. 다만, 사전에 문자메시지나 메일을 통해 나의 존재를 인지시켜 놓은 후라면 더욱 좋은 관계로 발전될 수 있다.

그 외에 편지나 엽서를 보낼 수도 있다. 내가 아는 S사장은 어떤 모임이나 단체에 가입하면 모든 회원에게 인사말과 자기소개가 적힌 편지를 발송한다고 하는데 충분히 시도해 볼 만한 방법이다. 서로 얼굴을 마주보면서 대화를 나누는 것이 가장 빠른 시간 내에 인간관계를 발전시킬 수 있지만, 새로운 사람을 만나기 위해 반드시 직접 만날 필요는 없다.

인간관계는 지속적인 커뮤니케이션을 통해 이루어지는 것이기 때문에 다른 방법을 통해서 연락을 주고받아도 충분히 친밀한 관계를 형성해 나갈 수 있기 때문이다. 지금 새로운 사람을 만나기 위한 여건이 충분하지 않다면 문자, 이메일, 전화, 우편을 최대한 활용하라. 중요한 것은 형식적인 내용을 주고받지 않는 것이다. 어떤 방법을 활용하든 상대방에 대한 관심을 담아 인간적인 내용, 유익한 내용, 즐거운 내용으로 커뮤니케이션해야 한다. 명언, 유머, 생활정보, 시사뉴스, 개인적인 근황, 관심 어린 질문, 감성적인 표현 등을 많이 사용하면 된다.

제발 이것만은 하지 마라

제발 이것만은 하지 마라

1. 좋은 만남을 방해하는 마인드

인디언 속담에 '어떤 말을 만 번 이상 되풀이하면 반드시 이루어진다' 라는 말이 있다. 우리가 흔히 말하는 '간절한 꿈은 이루어진다' 라는 말과 같은 뜻이리라. 만 번 이상 되풀이해서 말할 수 있을 만큼 간절하다면 그 소망은 반드시 이루어질 것이다. 만남도 마찬가지다. 좋은 사람을 만나고 싶다고 만 번 이상 되풀이해서 말하면 틀림없이 좋은 인맥을 만들 수 있을 것이다. 그리고 한 가지 더 말하고 싶은 것이 있다. 제발 10,000명 이상 만나라.

앞에서도 언급했듯이 만남에는 751법칙이 작용한다. 70명을 만나면 1명의 전통적인 인맥과 5명의 휴먼 네트워크가 만들어진다. 따라서 10,000명을 새롭게 만나면 142명의 인맥과 710명의 휴먼 네트워크가 형성되는 것이다. 이 정도 숫자만 알고 있어도 직장과 사회생활을 하는데 강력한 힘이 될 수 있다. 그리고 나머지 사람들과도 꾸준히 연락을 하면서 지내다

보면 시간이 경과할수록 더 많은 인맥, 휴먼 네트워크가 구축된다. 따라서 좋은 인맥, 새로운 고객이 많이 생기길 바란다면 가장 먼저 해야 할 것은 10,000명의 사람을 만나는 것이다. 만남이란 말도 결국 '10,000명의 남'이란 뜻이다.

'10,000명의 남'을 만날 수 있는 비결은 무엇일까? 다시 한 번 인디언들의 지혜를 참고해 보자. 인디언들이 기우제를 지내면 반드시 비가 내린다. 비가 올 때까지 기우제를 지내기 때문이다. 우리가 10,000명을 만날 수 있는 비법도 마찬가지다. 10,000명을 만날 때까지 새로운 사람을 만나고, 또 새로운 사람을 만나고, 또 다시 새로운 사람을 만나면 된다. 각자의 상황과 노하우에 따라 달라지겠지만, 결국 10,000명의 만남은 본인의 끈기와 노력에 달려있다. 그리고 5가지 '만'을 조심하면 된다.

:: 자만

모든 일을 혼자서 해결할 수 있다는 자만에 빠지면 다른 사람의 도움과 필요성을 느끼지 못한다. 한비자는 '삼류는 자기 능력을 쓰고, 이류는 타인을 부려먹고, 일류는 타인의 힘을 활용한다'는 말을 남겼다. 자만심에 사로잡혀 독불장군이 되지 말고, 다른 사람과 협력하여 일을 추진하는 습관을 가져라. 자신이 부족한 존재라고 생각하는 사람만이 만남을 위해 노력한다.

:: 태만

좋은 만남을 만들려면 부지런해야 한다. 아침 일찍부터 밤 늦게까지 열심히 움직여라. 발품을 많이 팔아야 새로운 사람들을 많이 만날 수 있다.

게으름 부리지 말고, 하루에 만 보 이상 걸어라.

: : 기만

다른 사람을 만날 때는 진실되고 꾸밈없는 마음으로 만나야 한다. 사람은 본능적으로 상대방이 어떤 마음으로 자신을 대하는지 느낄 수 있다. 반갑지 않으면서 반가운 척, 친하지 않으면서 친한 척, 관심 없으면서 관심 있는 척, 마음에도 없으면서 도움을 줄 것처럼 말하는 것은 상대방을 기만하는 행동이다. 누군가를 만날 때는 계산적으로 만나지 말고, 진심에서 우러나오는 말과 행동으로 대하라.

: : 거만

거만한 사람은 먼저 인사하거나 말을 걸지 않는다. 하지만 먼저 인사를 받으려고 하고, 대접 받으려고 한다. 또한 자기보다 못나 보이는 사람들을 무시한다. 이러한 사람은 누구에게도 환영받지 못하고, 좋은 만남을 만들기도 어렵다. 항상 겸손한 마음으로 자신을 낮추고 먼저 대접하라. 이것은 어려운 일이 아니다. 다만 내가 먼저 인사하고, 먼저 봉사하고, 먼저 배려하면 된다.

: : 그만

사람은 때를 잘 알아야 한다. 나설 때 나서고, 물러서야 할 때 물러서지 못하면 좋은 만남을 만들기 어렵다. 다른 사람들이 '그만' 할 때는 '그만' 할 줄 알아야 한다. 말과 행동, 모든 일이 마찬가지다. '그만' 둘 때를 아는 사람이 좋은 인맥, 좋은 고객을 만들 수 있다. 특히 영업사원이 새로운 사람과 비즈니스에 관련된 이야기를 할 때에는 '그만' 둘 때를 잘 파악해야한다. 그렇지 않으면 상대에게 경계심과 부담감만 주어 좋은 관계를 망칠수 있다. 또한 자신의 이야기는 '그만' 하고, 다른 사람의 이야기를 경청해야 할 때 그러지 못하는 사람이 많은데, 이러한 경우 또한 결국 좋은 인연을 만들지 못한다.

만남은 결코 만만하지 않다. 세상도, 사회도, 사람도 만만한 것은 단 하나도 없다. 따라서 좋은 만남을 만들고 싶으면 만남을 만만하게 보지 말고먹먹하게 봐야 한다. 가슴 한편에 간절함과 그리움을 가득 채워서 좋은 만남을 소망해야 한다. 단 한 번만이라도 만나고 싶은 사람들, 다시 태어나도 만나고 싶은 사람들, 내 인생의 찬란한 빛이 될 수 있는 만남을 기도해야 한다. 인디언이 비가 올 때까지 기우제를 지내듯이 10,000명을 만날때까지 기도해야 한다. 그리고 10,000번을 되풀이하여 말하라.
"나는 인생에서 10,000명의 사람들을 만날 것이다. 그리고 그들과 함께꿈과 희망, 추억을 나눌 것이다."

2. 만남을 망치는 사람들의 특징

만남에는 2가지 종류가 있다. 기분 좋은 만남과 기분 나쁜 만남이다. 기분 좋은 만남은 즐겁고, 유쾌하다. 그러나 기분 나쁜 만남은 1분 1초가 지루하고, 불쾌하다.
기분 좋은 만남을 만드는 방법은 간단하다. 상대방을 기쁘게 하고, 불쾌하지 않도록 하면 된다. 상대를 불쾌하게 만들지 않으려면 어떤 유형의 사람이 불편한 만남을 만드는가를 먼저 알아야 한다. 당신은 어떤 사람과 함께 있을 때 불쾌함을 느끼는가?

첫째, 계산적인 사람

처음 만난 상대가 계산적인 목적으로 나를 만나고 있다고 느껴지면 불쾌함을 느낀다. 특히 영업사원이나 비즈니스맨들의 경우, 급한 마음에 사람보다 일이나 계약에 먼저 관심을 갖기 쉬운데 이런 마음으로는 좋은 만남을 나누기 어렵다. 특히 처음 만나자마자 일 이야기로 대화를 이끌어 가면 상대는 매우 부담을 느끼게 된다. 얼마 전 보험영업사원을 만났는데, 초면임에도 불구하고 개인 정보를 적어야 하는 설문지 작성을 요구하여 몹시 당황스럽고 언짢았던 경우가 있었다.

사람은 누구나 자신에게 관심을 가져주는 사람을 좋아하고, 자기에게 관심을 보여주는 사람에게만 관심을 갖게 된다. 좋은 만남을 만들려면 사람 자체에 깊은 관심을 가져야 한다.

내가 즐겨 쓰는 말 중에는 '나소너소우소' 라는 말이 있는데 '나는 소중하다. 너도 소중하다. 우리는 모두 소중하다' 는 말을 줄여서 만든 표현이다. 누군가를 만날 때는 '나소너소우소' 의 마음가짐으로 상대방을 대하라.

둘째, 기분 나쁜 말을 하는 사람

무심코 건넨 말 한마디는 친구를 만들기도 하고, 평생 원수를 만들기도 한다. 특히 거친 말버릇이 습관화된 사람은 처음 만난 사람에게 부정적인 이미지를 심어줄 수밖에 없다. 그러면 당연히 새로운 사람과 좋은 인연을 이어가기 어렵게 된다. 따라서 다른 사람과 대화를 나눌 때는 말 한마디 한마디를 조심스럽게 표현하는 습관을 길러야 한다.

기분 좋은 말을 많이 하고, 기분 나쁜 말은 하지 마라. 기분 나쁜 말에는 잘난 척, 비난하는 말, 무시하는 말, 부정적인 말, 거북한 말 등이 있다. 그 중에서도 처음 만난 사람에게 수치심이나 모욕감을 느끼게 하는 말은 좋은 만남을 해치는 가장 대표적인 유형이다. 대화를 할 때 상대의 견해가 본인과 다를지라도 바로 반박하기보다는 긍정적인 면에 초점을 맞추어 칭찬을 아끼지 말아야 한다. 독일의 철학자이자 동양학자인 막스 뮐러는 '칭찬은 배워야 할 예술이다' 라는 말까지 남겼다.

또한 상황에 맞지 않는 화제를 꺼내는 것도 피해야 한다. 특히 정치, 종교, 성(性)에 관련된 이야기는 상대방에 따라서 매우 민감하게 받아들여질 수 있는 소재이므로 꼭 필요한 상황이 아니면 삼가야 한다. 또한 여성의 나이나 결혼 유무에 대한 질문을 하는 것도 매너가 아니다.

셋째, 불쾌한 행동을 하는 사람

좋은 만남을 망치는 또 하나의 유형은 불쾌한 행동을 일삼는 사람이다. 표정이 어두운 사람, 인사성이 없는 사람, 오만한 사람, 무례한 사람, 이기적인 사람, 혐오감을 주는 행동을 하는 사람 등이 여기에 해당된다. 또한 대화를 나눌 때 다른 사람의 말을 일방적으로 끊는 사람, 자기주장만 내세우는 사람, 다른 사람의 이야기에 관심을 보이지 않는 사람도 마찬가지다. 이런 유형의 사람들은 모든 이에게 다시는 만나고 싶지 않은 사람이라는 낙인이 찍히게 된다. 따라서 좋은 만남을 만들려면 항상 겸손하게 행동하고, 상대방을 존중해야 한다. 또한 다른 사람에게 혐오감을 주는 행동을 삼가야 한다.

내가 아는 30대 중반 직장인 K씨는 일어서 있을 때는 짝다리를 짚고, 앉으면 다리를 꼬는 매우 좋지 않은 습관을 가지고 있다. 게다가 대화를 할 때는 무의식적으로 다리를 떠는데 몇 번을 이야기해도 쉽게 고치지 못하고 있다. 이런 행동은 다른 사람에게 부정적인 이미지를 심어준다. 좋은 만남을 만들고 싶으면 다른 사람에게 불쾌감을 주는 행동을 하지 말아야 한다.

우리는 사회에서 수많은 사람들과 만난다. 어떤 만남은 기분이 좋고, 어떤 만남은 기분이 나쁘다. 굳이 설명하지 않아도 어떤 사람을 만나면 기분이 좋고, 어떤 사람을 만나면 기분이 나쁜지 스스로 이미 잘 알고 있을 것이다. 다만 아직까지 만남의 기술이 부족한 이유는 실천하지 않기 때문일 것이다.

좋은 만남을 만드는 것은 마음, 말, 행동의 3가지 요소에 달려있다. 사람을 계산적으로 만나지 말고, 기분 나쁜 말을 하지 말고, 불쾌한 행동을 삼가라. 반드시 좋은 만남이 만들어질 것이다.

지금 만나러 갑니다

HUMAN RELATIONS

제 5 장
지금 만나러 갑니다

새로운 만남을 위한 10계명

:: 반갑게 만나라

누군가를 만나면 반가워하라. 누구나 환영 받고 싶고, 자신을 환영해 주는 사람을 좋아한다. 사람들을 만날 때는 환한 미소와 밝은 목소리로 반가움을 표시하라. 악수를 할 때는 힘껏 잡고, 친밀한 사이면 포옹을 하라. 감탄사와 제스처, 인사를 통해 기쁨과 반가움을 표현하라. 그렇다고 억지로 반가운 척해서는 안 된다. 상대방을 소중하게 생각하고 진심으로 반갑게 맞이하라.

:: 관심을 보여라

다른 사람을 만나면 상대방에게 깊은 관심을 보여라. 무슨 일을 하는지, 어떤 사람인지, 지난 번 만남 이후에 새로운 변화는 없었는지 질문하라. 인정 받고 싶은 일, 위로 받고 싶은 일, 도움 받고 싶은 일이 없는지 확인하라. 인간관계에서 가장 기분 나쁜 일은 내 명함을 받은 상대방이 아무런 질문도 건네지 않는 것이다. 오죽하면 버나드 쇼가 '인간에 대한 가장 나쁜 죄는 미워하는 것이 아니라 무관심이다' 라고까지 말했겠는가. 상대방의 명함을 받으면 꼼꼼히 읽어본 후 회사, 업무, 주소, 홈페이지, 이메일, 블로그, 학위, 자격증, 경력 등을 소재로 대화를 나누면서 관심을 보여라.

:: 경청하라

대화를 할 때는 상대방의 이야기에 집중하라. 경청은 눈 맞춤, 고갯짓, 추임새, 반영하기를 통해 이루어진다. 상대방의 말을 들으며 눈을 바라보고, 적절하게 고개를 끄덕여 이해를 표시하고, 추임새를 통해 경청하고 있음을 보여주고, 반영하기를 통해 공감하고 있다는 사실을 나타내라.

누구나 듣는 것보다 이야기하는 것을 좋아한다. 하지만 새로운 사람을 만나면 상대방의 이야기를 더욱 경청해야 한다. 유대 속담에 '당나귀는 긴 귀를 보면 구별할 수 있고, 어리석은 사람은 긴 혀를 보면 구별할 수 있다' 라는 말이 있다. 다른 사람의 이야기를 경청하는 현명한 사람이 되라.

:: 따뜻한 말을 하라

상대방에게 따뜻한 말을 하라. 가장 좋은 말은 칭찬이다. 칭찬은 습관이기 때문에 본인이 익숙해야 사회에 나와서도 자연스럽게 나온다. 칭찬하는 방법은 다음과 같다. 먼저 상대방의 전체적인 인상을 칭찬한다. '인상이 참 좋으시네요!' 와 같은 칭찬이 여기에 해당된다. 그 다음으로 눈, 코, 입, 귀, 머리, 피부 등에서 특징적인 부분을 찾아 칭찬한다. 예를 들면 '눈이 참 아름답네요!' 가 있다. 그 다음에는 복장이나 액세서리에서 칭찬거리를 찾아보고, 마지막으로 성격, 성품, 능력이나 실력에서 장점을 찾아 칭찬을 하라. 관심을 갖고 찾아보면 사람마다 칭찬할 요소는 하나씩 있다.

:: 호의를 베풀어라

호의는 돈, 선물, 식사 대접, 음료 제공 등 다양한 형태로 나타날 수 있다. 계산은 당신이 하라. 식사 후에는 커피를 타다 주라. 상대방이 어린 자녀를 동반하고 있으면 아이에게 용돈을 줘라. 엘리베이터를 탈 때는 상대방이 먼저 타고 내리게 하라. 받으려고 생각하지 말고 먼저 베푸는 습관이 몸에 배게 하라. 호의를 베풀 때는 'Give&Take'로 생각하지 말고 'Give&Forget'으로 실천하라.

:: 기분 좋은 만남을 만들어라

만남에는 유쾌한 만남과 불쾌한 만남, 편안한 만남과 불편한 만남이 있다. 다른 사람이 나와의 만남을 기억할 때 유쾌하고 편안했다고 생각하도록 노력하라. 함께 있었던 시간이 불쾌하고 불편하면 다시는 만나고 싶지 않을 것이다.

인간관계에서는 쇼맨십도 중요한데 쇼맨십은 관중을 즐겁게 해주려는 마음가짐을 의미한다. 다른 사람을 만날 때는 쇼맨십을 발휘해서 상대방을 즐겁게 해주려고 노력해야 한다. 기분 좋은 만남이 되려면 상대방을 시각, 청각, 촉각, 후각, 미각적으로 즐겁게 해주면 된다. 상대방의 불안감과 부담감을 해소시키기 위해 노력한다. 이때는 내가 먼저 솔직하고 오픈된 모습을 많이 보여주고, 비즈니스와 관련된 이야기는 가급적 삼간다. 상대방이 마음의 문을 열 수 있도록 호감을 표시하고, 대화가 끊어지지 않도록 스몰토크(Small Talk)를 많이 하는 것도 경계심을 누그러뜨리고, 만남을 편안하게 해준다.

:: 나를 각인시켜라

다른 사람을 만날 때는 첫사랑처럼 강렬한 인상을 남겨라. 자기 이름으로 삼행시를 짓거나, 특이한 별명을 말하거나, 특색 있는 자기소개를 하라. 노래, 성대모사, 악기 연주, 춤 등 개인기가 있으면 보여줘라. 지금까지 살아오면서 남다른 경험을 한 일이 있으면 이야기를 들려줘라. 인간관계가 유지되려면 나를 각인시켜야 한다. 다른 사람에게 어떻게 자신을 각인시킬 수 있는지 자신만의 노하우를 생각하고 만들어라. 나는 닉네임으로 사용하고 있는 '푸른 고래'에 대한 이야기를 들려주거나 특이한 경력을 소개한다. 또는 깊은 감동을 주는 몇 가지 명언을 사용하기도 한다.

:: 기대감을 형성하라

헤어질 때 다시 만나고 싶은 마음이 들어야 인맥으로 이어질 수 있다. 자기소개를 하거나 대화를 할 때 나에 대한 기대감을 형성시켜라. 기대감은 내가 상대에게 도움을 줄 수 있는 사람이라는 것을 알게 하면 형성된다. 상대방의 일, 취미, 관심 사항, 꿈, 건강, 가족, 애경사 등에서 내가 도움을 줄 수 있는 요소를 찾아 자연스럽게 이야기하면 기대감이 형성된다.

최근 나는 한 지방 대학 평생교육원장과 대화를 나눈 적이 있었다. 처음에는 나에게 별다른 관심을 보이지 않더니 내가 한국기업교육협회의 회장을 맡고 있으며, 교육 분야의 다양한 사람들과 인맥을 형성하고 있다는 사실을 알게 되면서부터 강한 호감과 친밀감을 나타내기 시작했다. 대화를 나누며 이유를 알고 보니, 3년 후 정년퇴직하여 리더십 분야의 전문 강사로 활동할 계획을 가지고 있었다. 당연히 나를 통해 강의 추천, 기업교육 정보 수집, 인맥 소개 등에 대한 도움을 받을 수 있으리라는 기대감이 형성되었을 것이라 짐작할 수 있다.

:: 아쉽게 헤어져라

상대방과 헤어질 때는 아쉬워하라. 누구나 반갑게 맞아주는 사람을 좋아하고, 자신과 헤어지는 것을 아쉬워하는 사람에게 좋은 감정이 형성된다. 다른 사람을 만났다 헤어질 때는 상대방을 만나게 된 것에 대한 기쁨, 앞으로 소중한 인연이 이어지길 바라는 기대감, 빠른 시일 내에 다시 만나 수 있기를 바라는 아쉬움과 감사의 인사말을 하라. 헤어질 때 아쉬워야 한 번 더 만나고 싶어지는 법이다. 그렇다고 가식적으로 아쉬운 척하면 안 된다. 사람의 인연을 소중하게 생각하고, 만남과 헤어짐을 가볍게 생각하지 않는 마음가짐이 필요하다.

:: 겸손하라

앞의 9가지 사항을 실천하려면 먼저 겸손한 마음을 가져야 한다. 사회에서 나보다 잘났거나 나에게 도움이 될 것 같은 사람을 만나면 누가 시키지 않아도 반갑고, 관심이 생기고, 칭찬을 넘어 아부까지 하게 된다. 하지만 나보다 못났거나 나와 비슷한 사람들을 만나면 특별히 반갑지도 않고, 무관심하게 대하는 것이 사람의 간사한 마음이다. 이런 마음으로는 좋은 만남을 만들기 어렵다. 따라서 '죽을 때까지 나는 학생이다. 세상의 모든 사람은 나의 스승이다' 라는 마음을 가져야 한다. 자만심에 사로잡히지 말고 항상 겸손한 사람이 되라.

새로운 만남을 위한 10계명
1. 반갑게 만나라.
2. 관심을 보여라.
3. 경청하라.
4. 따뜻한 말을 하라.
5. 호의를 베풀어라.
6. 기분 좋은 만남을 만들어라.
7. 나를 각인시켜라.
8. 기대감을 형성하라.
9. 아쉽게 헤어져라.
10. 겸손하라.

1. 직접 찾아가라

　미국의 대부호 폴 마이어는 보험세일즈를 통해 27세에 백만장자가 되었다. 그는 길거리에 서 있다가 고급승용차가 지나가면 재빨리 수첩에 번호를 적었다. 그리고 자동차 주인의 주소를 알아내어 직접 집으로 방문하였다. 그는 이 방법을 통해 수많은 사장과 부자들을 자신의 고객으로 만들 수 있었다. 그런데 폴 마이어가 몇 번을 찾아가도 만나주지 않는 사장이 한 명 있었다. 모든 방법을 동원했지만 아무 소용이 없었다.

　며칠을 고민하던 폴 마이어는 그 사장에게 편지 한 통을 보냈다. "사장님, 저는 기도를 통해 날마다 하나님을 만납니다. 하지만 무슨 이유로 사장님은 한 번도 만날 수 없는 건가요? 사장님이 제가 믿는 하나님보다 더 높다는 말인가요?" 이 편지를 읽은 사장은 크게 감동을 받고 폴 마이어를 불러 그가 원하는 대로 계약을 체결해 주었다. 그리고 자신이 알고 있는 모든 사람에게 폴 마이어를 추천해 주었다고 한다. 간절한 꿈이 이루어지듯 간절한 만남도 반드시 이루어진다.

　사가현에 살던 17세 소년이 일본 맥도널드의 최고 경영자 후지타 덴을 만나기 위해 도쿄로 올라왔다. 1주일 동안 경비실 입구에서 쫓겨났지만, 포기하지 않고 날마다 찾아가 회사 앞에서 기다렸다. 그 소문을 들은 후지타 덴이 소년을 사무실로 올라오게 하여 직접 만났다. 무엇 때문에 찾아온 것이냐고 묻자 소년은 세계적인 사업가가 되려면 어떤 분야를 공부해야 하는지 알고 싶다고 대답하였다. 그리고 미래는 컴퓨터, 인터넷, 노트북의 시대가 될 것이라는 후지타 덴의 말을 듣고, 얼마 지나지 않아 미국으로 유학을 떠났다. 얼마 후 소년은 공부를 마치고 일본으로 돌아와 창업을 하였는데 이 회사 이름이 '소프트뱅크'이고, 소년의 이름이 바로 '손정의'이다.

이처럼 새로운 만남을 만드는 가장 좋은 방법은 직접 찾아가는 것이다. 고래는 강으로 오지 않는다. 좋은 인맥은 내가 먼저 찾아나서야 한다.

:: 멘토

인생에서 가장 중요한 일 중 하나가 스승을 만드는 것이다. 좋은 멘토는 성공으로 이끌어주고 많은 사람을 소개시켜 준다. 따라서 좋은 인맥을 만들기 위해 가장 먼저 해야 할 일은 멘토를 만드는 것이다. 멘토를 찾을 때는 삼고초려의 마음으로 해야 한다.

인생의 멘토를 찾는 일이 쉬운 일은 아니지만, 인생에서 누군가의 멘토가 되기를 결심하는 것도 매우 어려운 일이기 때문이다. 따라서 멘토를 찾을 때는 몸과 마음으로 정성을 다해야 한다. 멘토는 반드시 한 명이 아니어도 된다. 정신적인 멘토, 사업적인 멘토, 취미와 관련된 멘토 등 멘토는 많으면 많을수록 좋다. 사회에서 존경하는 인물을 찾아가도 되고, 주변에서 멘토로 모시고 싶은 사람에게 부탁해도 된다.

내가 많은 깨달음을 받은 정신적 멘토 중 한 분이 성평건 회장님이다. 2006년, 암웨이 사보에 내가 쓴 칼럼을 보시고 직접 연락을 하셨다. 전화로 대화를 나누다 보니 아쉬운 마음이 생겨 직접 찾아뵙겠다고 말씀을 드리고 며칠 후 잠실 석촌 호수 근처 사무실로 방문하였다. 2시간이 채 안 되는 짧은 시간이었지만 여러 가지 교훈을 얻을 수 있었고, 헤어질 때 선물로 주신 저서를 통하여 더욱 많은 지혜를 얻을 수 있었다. 지금까지 여러 차례에 걸쳐 책과 칼럼에서 소개하였지만 성평건 회장님의 '돈은 노동의 대가가 아니라, 내가 하는 일이 다른 사람들을 즐겁게 해준 것에 대한 보상'이라는 말씀은 인생을 살아가며 반드시 명심해야 할 계명으로 생각하고 있다. 멘토는 가장 먼저 만들어야 할 만남이다. 지금 멘토가 없다면 모든 일을 제쳐두고 멘토부터 찾아 나서라.

:: 멘티

멘토 못지않게 중요하고, 보람 있는 것이 좋은 멘티를 얻는 일이다. 좋은 제자, 후배가 될 만한 사람들을 찾아서 직접 연락하여 만나라. 당연한 일이겠지만 나도 아직 멘티를 갖지 못하였다. 그럴 수밖에 없는 것이 내가 아직 큰 나무가 아니요, 아직 가르쳐야 할 것보다는 배워야 할 것이 더 많은 사람이기 때문이다. 그럼에도 불구하고 내가 설립한 휴먼네트워크 연구소를 통하여 지금까지 40명의 전임강사가 배출되었다. 나는 한 사람 한 사람을 생각할 때마다 어떻게 도울 수 있을까 고민한다.

최근 나는 전임강사양성 과정을 모집하고 있다. 수강생이 들어오면 15기가 되는데, 이번 기수를 마지막으로 더 이상 이 과정을 개설하지 않을 것이다. 막상 그렇게 결정하고 나니 아쉬움이 많았다. 이런저런 생각 끝에 내가 알고 있는 후배와 동료들 중에서 좋은 사람을 찾아 이 과정에 합류시키기로 마음먹었다. 그래서 주변을 수소문하여 좋은 후배가 있으면 직접 연락하여 전임강사양성과정에 참여하도록 권유하고 있다. 한 명의 멘티라도 더 만들어서 40년 동안 성공과 실패를 통해 직접 몸으로 깨달았던 지혜들, 책과 교육을 통해 알게 된 지식들을 전달해 주고 싶은 까닭이다. 그리고 그들이 다시 세상으로 나아가 수많은 사람들에게 전파해 주기를 바란다.

며칠 전 나는 다음 카페 '교육의 모든 것'에 푸른 고래 멘티 클럽을 개설하였다. 아직까지 스스로 성공한 사람이라고 생각하지는 않지만, 지금까지 살면서 깨달은 성공과 행복의 비법을 많은 사람들에게 알려주기 위해서이다. 현재까지 20여 명의 사람들이 멘티를 희망하였다. 착하고 꿈 많은 후배들이 찾아준다면 내가 가진 모든 역량을 쏟아 부어 한 사람의 인생이라도 성공과 행복으로 이끌어 볼 생각이다.

멘티는 너무 거창하지 않게 생각해도 된다. 내가 도와줄 수 있는 인생의 후배를 만나는 것이라고 생각하라. 누구나 멘토가 될 수 있고, 멘티를 만들 수 있다.

:: 비즈니스 인맥

비즈니스 인맥이 될 만한 사람들을 물색하여 직접 방문하라. 관련된 일, 비슷한 취미나 관심 사항, 또는 공통적인 특징을 매개로 만남을 모색하라.

최근에 나는 전업 작가의 길을 모색하고 있다. 따라서 조만간 작가, 출판사 관계자들을 많이 만날 것이다. 예전에 인맥관리 사이트에 관심이 많을 때는 인터넷을 검색하여 인맥관리 비즈니스에 종사하는 전문가들을 모두 만나기 위해 노력했었다. 그때 만났던 사람들 중에는 IT인맥커뮤니티를 운영하던 C대표, 인맥관리 사이트 토토링의 S대표, 인맥관리 사이트 위드힘의 윤형돈 대표, 그리고 명함자동정리기와 지문인식사업을 하던 퍼셉컴의 김인광 대표, 현재 가장 활발하게 인맥관리 솔루션 사업을 펼치고 있는 (주)한국인식기술의 송은숙 대표, 인맥관리 사이트 링크나우의 신동호 대표, 『세상에서 가장 넓은 인맥지도를 그려라』의 저자 황소영 HR코리아 이사, 『한국의 부자인맥』의 저자 이태규 원장, 『만남의 기술』의 저자 이미선 원장 등을 직접 만났다.

이외에도 인맥관리와 관련된 많은 사람들에게 전화와 이메일로 미리 연락을 하고, 만났다. 제3장에서도 이야기했듯이 용기 있는 자만이 미인을 얻고, 친구를 만들 수 있다. 내가 만날 수 있는 비즈니스 인맥에 어떤 사람들이 있는지 조사해 보고 직접 만나라.

:: 팬클럽

문학, 예술, 체육, 연예 등의 분야에 종사하는 사람의 팬클럽에 가입하는 것도 새로운 사람들을 만날 수 있는 좋은 방법이다. 베스트셀러 작가의 팬클럽, 유명 가수의 팬클럽, 스포츠 스타의 팬클럽, 탤런트나 영화배우의 팬클럽 등 무수히 많은 종류의 팬클럽이 있다.

나는 산울림 팬클럽에 가입하고 싶었으나 아직 기회를 갖지 못하였다. 혹시 아직까지 산울림 팬클럽이 활동 중이라면 시간을 내어 가입할 것이다. 고등학교 1학년인 딸아이는 '수퍼주니어' 팬클럽에 가입하였다. 때때로 수퍼주니어 콘서트에 다녀오면 공연장에서 처음 만난 또래 친구들과 함께 찍은 사진을 미니홈피에 올리고, 이메일과 문자메시지로 연락을 주고받는 모습을 볼 수 있다. 내가 알고 지내는 후배 S는 이외수 작가의 열렬한 팬이다. 며칠 전 만났는데 곧 이외수 팬클럽 모임이 있어서 강원도를 갈 예정이라는 말을 듣게 되었다. 아마도 팬클럽 모임을 통해 다양한 분야의 새로운 사람들을 많이 만나게 될 것이다. 좋아하는 유명인이 있다면 그 사람의 팬클럽에 가입하여 활동하라.

:: 강연회

직접 연락을 하는 것이 용기가 나지 않거나 연락처를 알기 어려운 경우, 또는 그것과 별도로 더 많은 사람들을 만나고 싶은 경우에는 유명인사의 강연회에 참석하라. 신문이나 인터넷을 검색하여 출판기념 강연회, 초청 강연회 정보를 입수하여 행사에 참석하고 유명인사와 명함을 교환하라.

2005년 교육 분야에 몸담기 시작하였을 때부터 나는 수많은 강연회에 참석하였다. 행사장에 갈 때는 30분 일찍 도착하여 주최 측이나 행사 운영진들과 인사를 나눈다. 강의가 시작되기 10~20분 전쯤 되면 초청인사가 행사장에 도착하는데 이때 자연스럽게 인사를 나눌 수 있다.

일반적으로 강의 후에는 사인회가 예정되어 있거나 동시에 많은 사람들이 인사를 나누려고 하기 때문에 매우 혼잡하다. 따라서 행사 후보다는 가급적 행사 전에 명함을 교환하는 것이 좋다. 만약 행사 전에 사정이 안 된다면 휴식 시간을 활용하고, 휴식 시간이 없거나 여의치 않으면 강의가 끝나자마자 즉시, 또는 가장 마지막까지 남았다가 명함을 교환할 수 있도록 노력한다. 내가 이런 방법으로 만난 사람 중에는 Y시인, C작가를 비롯하여 대기업의 CEO들과 각계각층의 저명인사들도 많이 포함되어 있다.

:: 신문/ 잡지

신문이나 잡지에는 각계각층의 다양한 사람들에 대한 인터뷰와 취재기사가 실려 있다. 평소에 신문, 월간지, 주간지 등을 눈여겨 살펴보고 그중에서 만나고 싶은 사람을 찾아라. 먼저 담당 기자에게 연락하여 이메일이나 전화번호를 확인하라. 만약 출간한 책이 있으면 출판사로 전화하여 확인해도 된다. 그것이 어려우면 전화번호부나 인터넷을 검색해 보라. 대부분의 경우 그 사람이 소속된 회사나 단체의 연락처를 알아낼 수 있다. 연락처가 확인되면 직접 전화하여 본인 또는 비서에게 만남을 요청하라. 상황에 따라서는 직접 방문하는 것도 좋은 방법이다.

나도 내 책을 읽은 독자들 또는 인터넷에서 알게 되었다는 사람들로부터 한 번 만나고 싶다는 전화와 이메일을 자주 받는다. 바쁠 때는 어쩔 수 없지만 특별한 사정이 없는 한 가급적 시간을 내어 만나고 있다. 반대로 신문이나 방송, 잡지 등에서 내가 관심 있는 사람을 발견하면 연락처를 수소문하여 만나는 일도 자주 추진한다.

:: 개척

영업사원들이 가장 많이 하는 고객 발굴법이 개척이다. 개척은 안면이 없는 불특정 다수에게 직접 연락 또는 방문하는 것이다. 무작위로 전화하여 영업하는 것을 '콜드 콜(Cold call)'이라고 하는데 일정한 기준에 의해 수신자를 선별하기도 하지만, 안면이 없는 사람들에게 무작위로 한다는 점에서 개척 영업에 포함된다. 방문 개척은 일정한 지역에 있는 건물을 무작위로 방문하여 고객을 발굴하는 방법이다.

최근에 나는 50여 개 이상의 출판사에 이메일로 출판기획서를 보낸 적이 있다. 이 과정을 통해 출간 계약을 하려는 목적도 있었지만, 답신을 보내오는 사람들과 인간관계를 맺으려는 목적도 염두에 두고 있었다. 실제로 몇몇 출판사 편집자들과 이메일이나 전화로 원고와 출간에 대한 의견을 주고받으며 친분을 형성할 수 있었다. 조만간 기업교육담당자를 만나서 교육컨설팅업체, 온라인교육 사이트에 내가 만든 교육프로그램을 채택해 달라고 이야기할 것이다. 이 과정에서 교육 분야에 종사하는 사람들과 새로운 만남이 많이 만들어질 것이라 기대하고 있다.

좋은 만남을 많이 만들려면 만나고 싶은 사람들의 목록을 작성해 보아야 한다. CEO, 작가, 연예인, 정치인, 운동선수, 종교 지도자, 철학자, 역사학자, 경제학자, 탐험가 등 한번쯤 꼭 만나고 싶은 사람들의 목록을 적어보고 실제 방문하라.

그러려면 꿈이 있어야 한다. 반드시 이루고 싶은 간절한 목표가 있는 사람만이 다른 사람을 찾아 나서게 된다. 꿈이 없으면 시도하지 않는다. 흔히 인생은 여행과 같다고 이야기한다. 인생이라는 여행길에서 내가 만나고 싶은 사람이 누구인지 생각해 보라. 그리고 그 사람들을 만날 수 있도록 노력하라.

나는 김제동 씨가 만나고 싶다. 나는 추미애 씨가 만나고 싶다. 나는 이승엽 씨가 만나고 싶다. 곧 나는 이 사람들을 만나게 될 것이다. 내 인생의 여행길에서 만나고 싶은 사람들의 명단을 적어보라.

직접 찾아가라	
유형	어떤 사람들을 만날 수 있나?
명함	
멘토	
멘티	
비즈니스 인맥	
팬클럽	
신문/ 잡지	
개척	

만나고 싶은 사람 목록

분야	이름
정치계	
경제계	
종교계	
문화예술계	
언론방송계	
철학자/ 사상가	
과학자/ 발명가	
모험가/ 탐험가	
연예인/ 스타	
운동선수	
기타	

2. 등잔 밑에서 찾아라

얼마 전에 모교의 총동문회 임원 70여 분께 나의 4번째 저서 『사람들을 내 편으로 만드는 소통』을 보내드렸다. 며칠이 지난 후, C선배님께서 전화를 주셨다. 현재 대기업 임원으로 계시는 분인데 나와는 일면식도 없는 생면부지의 관계다. 책을 보내줘서 고맙다는 말씀과 함께 회사로 초대하셨다. 1주일 후에 회사로 방문하였고 만남 이후, 형식적인 선후배 관계를 넘어 두터운 관계로 지내고 있다.

이처럼 새로운 인맥을 만나는 두 번째 방법은 주변에서 찾는 것이다. '등잔 밑이 어둡다'는 말처럼 주변에 좋은 인맥이 있는데도 미처 알아차리지 못하는 경우가 많다. 가족, 친구, 주변 사람들, 지금까지 알고 지내왔던 사람들 중에서 누가 있는지 다시 한 번 살펴보라.

:: 일가친척

피는 물보다 진하다고 했다. 일가친척 중에 누가 있는지 살펴보라. 집안의 대소사에 참여하고 정기적으로 열리는 종친회, 시제에 참석하라. 나를 중심으로 친형제자매, 친형제자매의 배우자, 조카, 사돈, 처가(시댁)식구, 아버지를 중심으로 삼촌, 사촌 형제, 오촌 조카, 어머니를 중심으로 외삼촌, 외사촌 형제들을 포함해 일가친척을 살펴보면 만날 수 있는 대상은 매우 많다.

우리는 경기도 여주에 종중의 묘를 모시는 선산이 있다. 얼마 전 선산의 일부가 도로로 편입되어 보상을 받게 되자 평소에 모습을 보이지 않았던 사람들이 갑자기 대거 종친회에 참석하였다는 이야기를 전해 들었다. 보상금이 10억 원에 이르니 그럴 만도 하겠지만 평소에는 모른 척하다가 돈 때문에 얼굴을 내미는 사람들이 안타깝게 느껴졌다. 친인척들과 사이좋게 교류하고 조상을 잘 모시는 일에 노력을 기울여라. 반드시 조상의 은덕을 입게 될 것이다.

며칠 전에는 외종질 결혼식에 참석했다가 깜짝 놀랐다. 조촐할 것이라고 생각했는데, 하객이 1,000명도 넘게 온 것이다. 이유를 알아보니 신랑의 부친이 서울시 고위 공무원으로 사회 각 분야에 매우 폭넓은 인맥을 보유한 분이었다. 멀리서만 구하지 말고 가까운 일가친척부터 찾아보라.

∷ 동문회

초등학교, 중학교, 대학교, 대학원 동문회에 참석하면 많은 사람들을 손쉽게 만날 수 있다. 대부분 동문회에서는 매년 정기적으로 체육대회, 등산대회, 송년의 밤 행사 등을 개최한다. 여기에 참석하면 새로운 인맥을 많이 만날 수 있다. 또는 지역별 동문회, 직장별 동문회, 비즈니스조찬 모임, 골프 모임 등 총동문회에서 주관하는 다양한 소모임에 참여하라.

나는 경희대학교 안산 동문회에 가입하여 활동하다가, 최근에는 총동문회 이사로 임용되었다. 그 외에 풍생고등학교 안산 동문회에서 총무를 맡아 활동한 적이 있다. 지금도 동문회를 나가면 새로운 선배와 후배들을 많이 만나게 된다. 동문회에서는 가급적 임원직을 맡아 활동하는 게 좋지만, 사정이 안 되면 회원으로라도 열심히 활동하라. 다른 모임과는 다르게 동문회는 평생 이어지는 모임이다. 혹시라도 아직 동문회에 참여하지 않고 있다면 생각을 바꿔서 적극적으로 활동하라.

:: 향우회

우리 주변을 잘 살펴보면 산업화, 도시화로 인해 고향을 떠난 사람들끼리 향우회를 만들어 모임을 갖는 모습을 많이 볼 수 있다. 지금 고향을 떠나 살고 있다면 내가 사는 지역에 향우회가 결성되어 있는지 찾아보고 가입하라. 향우회 중에서 규모가 큰 곳은 자체적인 건물도 건립하고 장학재단을 설립하여 서울로 올라온 같은 고향 출신 대학생들에게 장학금을 수여하는 곳도 많다. 이런 향우회에 가입하여 활동하거나 임원으로 참여하면 새로운 만남을 많이 만들 수 있다.

내가 사회에서 만나 친동생처럼 생각하는 J는 전라도 광주에서 태어났다. 안산으로 올라온 것은 고등학교를 졸업한 직후라 하니 서울에 올라온 지 14년 정도 된 셈이다. 아직도 부모님은 광주에 계시기 때문에 명절에는 고향으로 내려간다. 안산에는 많은 향우회가 결성되어 있다. 그중에서도 호남향우회, 영남향우회, 충청향우회, 강원향우회 등은 활발하게 활동하고 있다. 같은 아파트에 사는 S는 작은 개인사업체를 운영하는데 향우회를 통해 많은 도움을 받는다고 한다. 또한 향우회에서 체육대회나 야유회를 개최할 때마다 반드시 참석하여 고향에서 올라온 사람들과 만난다.

누구나 수구초심의 마음으로 고향을 그리워한다. 내가 살고 있는 지역에 향우회가 만들어져 있다면 가입하여 활동하라. 새로운 사람들을 많이 만날 수 있을 것이다.

:: OB 모임

다녔던 직장의 OB 모임에 참여하거나, 함께 근무했던 직장 동료들을 다시 만나라. 현대 사회에서 개인은 평생 4~6회에 걸쳐 직장을 옮기는 것으로 알려져 있다. 함께 근무했던 사람들에게 다시 연락을 취하라.

내 첫 직장은 SK텔레콤(당시 한국이동통신)이었는데, 당시 함께 입사한 동기가 132명이었다. 아쉽게도 1996년 회사를 퇴직한 이후 대부분 소식이 끊겼는데, 최근 몇몇과 다시 연락이 이어졌다. 내가 마지막으로 몸담았던 회사는 부동산 관련 회사였는데, 그곳에서 함께 일했던 N도 2년간 소식이 끊겼다 다시 만나게 되었다. 함께 근무했던 사람들에게 다시 연락을 취해 만나라. 최근 근황을 서로 묻고, 걱정해 주면서 발전된 모습을 격려하면 소원했던 시간의 벽을 금세 허물 수 있을 것이다.

:: 군대 모임

군대를 다녀왔다면 군복무를 함께 했던 선임병, 동기, 후임병들을 다시 만나라. 인터넷을 검색해 보면 전역병 모임이 결성되어 있는 부대도 있다. 여성의 경우는 자원한 경우라야 가능하지만, 대한민국 남자라면 반드시 다녀와야 하는 곳이 군대다. 그리고 군 생활을 어떻게 했느냐에 따라 추억 과 평가가 다르겠지만 군대 역시 자기 하기 나름이다. 2~3년이란 시간을 아무 의미 없이 흘러보낼 수도 있고, 아주 유용하고 값진 시간으로 만들 수도 있다.

부끄럽지만 나는 멋진 군 생활을 하지는 못하였다. 애초에 나는 군대가 남자들만의 의리가 넘치는 세계일 것이라는 환상에 젖어 군대에 지원하였 기 때문에 상명하복의 계급문화에 쉽게 적응을 하지 못한 채 오랜 기간 방 황을 거듭할 수밖에 없었다.

다행히 좋은 사람들을 많이 만난 덕분에 무사히 전역할 수 있었다. 가장 신기하게 만난 사람은 고등학교 동창 국춘식이다. 일병 때 강원도 홍천에서 고양으로 전출을 가게 되었는데 그곳에서 우연히 만났다. 고등학교 동창 사이로만 그쳤다면 평생 잊고 살았을 텐데 그 인연을 계기로 지금까지 꾸준히 만나고 있다.

그 외에도 이득우, 양연중 하사, 김범석 병장을 비롯한 10월 군번 동기들을 다시 보고 싶다. 모두들 군대라는 척박한 세상에서 내가 포기하지 않고 버텨나갈 수 있게 도움을 주었다. 군대에 다녀왔다면 함께 군 생활을 했던 사람들을 다시 만나라.

: : 단체/ 동아리

학창시절 또는 직장이나 사회생활을 하며 가입했던 단체, 동아리에서 함께 활동했던 사람들이 있다면 다시 만나라. 나는 대학교 시절에 〈등롱〉이라는 봉사 모임에서 활동했다. '등롱'은 청사초롱과 유사한 것으로 어둠을 밝혀주는 등의 일종이다. 고아와 가출한 청소년을 대상으로 학교 공부를 지도하는 모임이었다. 그 외에 직장을 다니며 바둑 모임에서 활동했고, 전자정치연구회라는 모임에 참여했던 적도 있다. 내가 노력을 기울인다면 이때 함께 활동했던 사람들을 다시 만날 수 있을 것이다. 실제로 작년에 수소문한 결과 등롱에서 함께 활동했던 정응재라는 후배와 연결되었다. 그를 통해 다른 사람들의 소식을 물어보았고, 대부분 연락처를 알아낼 수 있었다. 어떤 후배는 국정원의 사무관이 되어 있었고, 어떤 후배는 부산방송 PD로 근무하고 있었다. 그 중 몇 명에게는 전화로 안부를 물었고, 그 중 몇 명은 약속을 했다가 사정이 생겨 차일피일 미루다 보니 아직까지 만나지 못하고 있다. 조만간 다시 연락하여 만나볼 생각이다.

지금까지 살아오며 몸담았던 모임이나 단체를 생각해 보고, 연락이 끊어졌던 사람들을 다시 만나라. 술은 묵은 술이 좋고, 친구도 오랜 친구가 좋다. 오래된 인연을 아깝게 썩히지 말고 새롭게 이어가라.

:: 교육/ 행사

교육이나 행사 등을 통해 알게 되었던 사람들을 다시 만나라. 살다보면 초중고와 대학교를 제외하고도 많은 교육이나 행사에 참여하게 된다. 이런 경로를 통해 만났던 사람들을 다시 만나라.

고등학교 시절 나는 과외를 받았다. 함께 공부했던 친구들도 생각나지만, 당시 수학을 가르치셨던 임청일 선생님을 꼭 다시 뵙고 싶다. 언젠가 한 번은 수업 중에 내 눈을 물끄러미 바라보시면서 '너는 항상 무언가 골똘히 생각하는 것 같은 신비한 눈을 가졌구나'라고 하셨다. 당시 기분이 매우 좋았다. 하지만 개인적으로는 임청일 선생님의 눈빛이 나보다 더욱 다른 세계를 상상하는 것같다는 느낌을 받았었다. 과외가 끝난 후, 바로 연락이 끊겼는데 지금 어디 계시는지 몹시 궁금하다. 혹시라도 연락처를 알게 된다면 당장 뛰어갈 것이다.

직장을 다닐 때 '카피라이터양성 과정'을 수료하였다. 30여 명의 동기들과 함께 공부하였는데, 그 중 한 명을 지난 2007년에 우연히 만나게 되었다. 이런저런 이야기를 나누어 보니 15명 정도가 지금까지 계속해서 정기적으로 모임을 갖고 있다고 했다. 2개월 후 시간을 내어 모임에 참석하였고, 10여 년 만에 반가운 사람들을 만날 수 있었다.

지금까지 인생을 살아오며 참여했던 교육이나 행사 등에서 만났던 사람들을 떠올려 보라. 그리고 그 사람들에게 연락을 시도하라.

:: 모든 인연(과거에 알고 지냈던 모든 사람들)

지금까지 나와 인연을 맺었던 이들 가운데, 다시 만날 수 있는 사람이 누구인지 찾아보고 연락하라. 옆집에 살았던 사람, 동네 선배, 같은 교회에 다녔던 사람, 단골식당 주인, 여행 중에 만났던 사람 등 지금까지 살아오며 만났던 모든 사람들을 생각해 보라. 그리고 연락이 되는 사람을 찾아서 만나라.

나는 대학교 4학년 때 자취를 했다. 그때 옆집에 살던 지혜, 지애 자매가 생각난다. 당시 고등학교 1학년과 초등학교 6학년이었는데 나를 친오빠처럼 많이 따랐다. 어머니가 무척 성격이 시원시원하고 화통하신 분이었고, 아이들을 시켜 김치와 반찬을 자주 보내 주셨다. 지혜와 지애도 지금쯤 30대 중반이 되었을 것이다. 인연이 되어 다시 만날 수 있기를 고대해 본다. 그리고 1994년에 노동조합위원장으로 일할 때 만났던 K기자도 꼭 다시 만나고 싶다. 현재 중견 출판사 대표로 있는데, 마음만 있을 뿐 연락을 하지 못했다. 조만간 다시 만나보리라.

학자들의 연구 결과에 의하면 사람은 평생 3,500~5,500명과 긴밀한 관계로 지낸다. 이 숫자는 스쳐지나가는 사람들을 제외한 일정 기간 동안 서로에게 영향을 주고받는 인간관계, 즉 의미 있는 타인들의 숫자를 말한다. 지금까지 내가 만났던 의미 있는 타인은 누군지 생각해 보고, 다시 한 번 만남을 시도해 보라.

등잔 밑에서 찾아라

유형	누가 있고, 어떻게 만날 수 있나?
일가친척	
동문회	
향우회	
OB 모임	
군대 모임	
단체/ 동아리	
교육/ 행사	
모든 인연	

3. 기존 인맥을 확장하라

나는 현재 '각계인사교류모임'을 주관하고 있다. 사회 각계각층의 전문가, 임원과 리더들이 참여하는 모임으로 한 달에 한 번 정기모임을 갖고 있다. 정치인 중에서는 민주노동당 최순영 대표위원이 초창기부터 참여하고 있으며, 민주당에 소속되어 있다가 탈당하여 현재 무소속으로 활동 중인 임종인 전 국회의원도 회원이다. 임종인 의원과는 개인적인 친분이 없었는데, 최순영 대표위원의 소개로 합류하게 되었다. 이 모임에 초대할 만한 좋은 정치인을 추천해 달라는 나의 부탁에 최순영 의원이 연결해 준 것이다.

새로운 사람을 만나는 세 번째 유형은 소개와 추천이다. 기존에 알고 있는 사람을 통해 새로운 사람을 알게 되는 것이다. 미국의 전설적인 자동차 판매왕 조 지라드는 한 사람이 평균 250명을 알고 지낸다고 말했다. 따라서 한 사람을 대할 때 그를 통해 새로운 사람 250명과 만날 수 있다고 생각하고 대해야 한다. 평소에 내가 알고 지내는 사람들과 좋은 관계를 형성할 수 있도록 노력하라.

:: 소개

내가 알고 있는 사람에게 주변 사람을 소개시켜 달라고 부탁한다. 만나고 싶은 사람을 구체적으로 이야기할 수도 있고, 아니면 특정한 사람이 아닌 어떤 모임이나 행사에 함께 참여할 수 있는 기회를 부탁할 수도 있다.

최근 나는 H기업 영업점에 조찬 강의를 했었다. 교육을 마치고, 담당자와 담소를 나누면서 본사에서 매달 전체 영업점에 추천도서를 1권씩 배포

한다는 이야기를 듣게 되었다. 『사람들을 내 편으로 만드는 소통』이 출간된 지 10여 일이 채 지나지 않았던 시점이라 많은 관심을 보였더니, 강의를 의뢰했던 직원이 본사의 담당직원을 소개시켜 주겠다고 했다.

그리고 다음날 담당직원의 이름과 연락처를 문자메시지로 보내왔다. 감사의 인사를 전하고 본사에 근무하는 담당직원에게 연락을 하였다. 간략하게 나를 소개하고 통화를 마친 뒤 지금까지 출간했던 책 4권을 우편으로 보냈다. 그리고 최근에 출간된 5번째 책을 보내주었더니 전화로 감사와 칭찬의 말을 건넸다. 앞으로 어떤 인연이 될지는 모르겠지만 새로운 만남, 새로운 인연이 또 하나 만들어진 것이다.

소개는 일상적으로 일어나는 일이다. 사회생활을 하다 보면 누군가에게 소개를 부탁하기도 하고, 반대로 누군가를 다른 사람에게 소개시켜 주기도 한다. 좋은 만남을 만들고 싶다면 적극적으로 나를 다른 사람에게 소개시켜 줄 수 있는 사람의 목록을 정리하라. 그리고 평상시에 좋은 관계를 유지하면서 기회가 될 때마다 자연스럽게 소개를 부탁하라.

:: 추천

다른 사람에게 나를 추천해 달라고 부탁하거나, 아니면 다른 사람을 나에게 추천해 달라고 부탁한다. 단순하게 나라는 존재를 알려주는 소개와 달리 추천은 나에 대한 강한 신뢰가 있어야 가능하다. 비교적 책임이 수반되지 않는 소개와 달리 추천은 상당한 책임이 뒤따르기 때문이다.

최근에 나는 『남이 나를 PR하게 하라』라는 책을 출간하였다. 이 책을 집필하면서 세상에 가장 좋은 PR은 다른 사람이 나를 홍보해주고, 추천해주는 것이라는 생각이 들었다. 자기 PR은 장점과 동시에 단점을 가지고 있다. 자기 PR은 자랑처럼 들릴 수 있으며, 객관적으로 보이기 어렵고, 자꾸 반복되면 오만해 보이는 위험성을 내포한다. 따라서 자기 PR은 최소한으로 하되, 다른 사람의 입을 통한 '타인 PR'의 기회가 많아지도록 노력해야 한다. 타인 PR의 가장 대표적인 형태가 다른 사람들이 나를 추천해 주는 것이다.

나는 얼마 전 영신D&C에 근무하는 정병호 전무와 함께 점심을 먹었다. 예정에 없던 일이었는데 아침 10시에 갑자기 전화가 와서 약속을 잡게 되었다. 간단히 식사나 함께 하려는 것으로 생각했는데, 푸짐한 선물보따리를 가지고 방문하였다.

정병호 전무는 2009년 1월에 회사 워크숍이 열리는데 강의를 해달라고 부탁하며, 담당자에게 추천해 놓았으니 곧 전화가 올 것이라고 했다. 또한 내가 쓴 『남이 나를 PR하게 하라』 20권을 사무실로 보내달라고 했다. 지금까지 내 책이 출간될 때마다 항상 20~30권씩 구입하여 주변 사람들에게 읽어보라고 추천해 주었는데 이번에도 변함없이 응원해 주시는 것이다. 여기서 끝이 아니라 다음 주 토요일에 푸른 고래 팬클럽에서 1박2일 MT를 가는데 장소가 결정되지 않았으면 본인이 예약해 놓은 축령산 펜션으로 가자고 했다. 적당한 장소를 물색하지 못해 고민이었는데 매우 다행스럽고 고마웠다.

인터넷 카페에서 만나 인연이 되어 만났지만, 정말 보기 드물게 정이 넘치고 훈훈한 분이다. 항상 긍정적인 모습과 더불어 자기계발에도 소홀함이 없다. 카페에서 열리는 교육에도 열심히 참석하고, 최근에는 대학원에서 부동산 관련 전문 과정을 수강 중인 것으로 알고 있다. 뿐만 아니라 인터넷에도 능통하여 회원 수가 수십만에 달하는 카페를 운영한 적이 있고,

2년 전에 가평으로 MT를 갔을 때는 약초와 건강에 관한 해박한 지식에 깜짝 놀랐었다. 만약 누군가가 정병호 전무의 인품이나 사업 파트너로서의 역량, 자질에 대해 문의한다면 나는 내 모든 것을 걸고서라도 기꺼이 추천할 수 있을 것이다.

나를 다른 사람에게 추천해 줄 수 있는 사람이 누구인지 진지하게 고민해 보고, 실제로 추천을 부탁해 보라. 새로운 사람을 만날 수 있을 것이다.

:: 연결

연결은 소개나 추천과 달리 우연하게 이루어지는 만남이다. 예를 들어 점심약속, 저녁약속, 일대일 만남이 예정되어 있을 때 다른 사람이 우연히 함께 참석하여 자연스럽게 만나는 것이다. 목적과 대상이 분명한 소개나 추천과 달리 연결은 목적과 대상이 오픈되어 있는 만남이다.

며칠 전 고혜성 대표와 점심약속이 있었다. 당연히 혼자 올 거라고 생각했는데 2명의 일행과 함께 나타났다. 자신감코리아에서 기획업무를 맡고 있는 마성만 실장과 관리업무를 맡고 있는 김충훈 팀장이라고 소개했다. 식당으로 자리를 옮겨 점심을 먹으며 이야기를 나누었다. 식사를 마친 후 사무실에서 커피를 마시며 2시간 넘게 대화를 나누었다. 마성만 실장은 여러 분야에 재주가 뛰어났고, 김충훈 팀장은 모델 경력에 어울리는 준수한 용모와 신중한 태도로 눈길을 사로잡았다. 좋은 후배들이 한꺼번에 넝쿨째 굴러들어 온 것 같아 매우 기분이 좋았다.

또 얼마 전에는 문화일보에 근무하는 K차장과 점심식사를 하러 갔다가 또 다른 K차장과 인사를 나누게 되었다. 식사를 하러 사무실에서 나오는 길에 현관에서 우연히 만난 것이다. 이렇게 자연스럽게 또 새로운 사람과 연결되었다. 연결이 자주 일어나려면 사람을 좋아하고, 만남을 즐길 줄 알아야 한다.

'가는 사람 잡지 않고, 오는 사람 막지 않는다'는 말이 있다. 나를 찾아오는 사람은 누구든 반갑게 맞이하라. 점점 더 많은 사람들이 다른 사람들을 동행하고 찾아올 것이다. 인맥관리 사이트에서는 나와 일촌을 맺은 사람들끼리도 서로 일촌을 맺을 수 있는 기능을 제공하는 곳이 많은데, 모두 기존의 인맥을 통해 새로운 인맥을 만들어 가는 연결법이다.

:: 초대

모임이나 행사가 있을 때 다른 사람을 동반하여 참석하도록 만들어라. 스터디 모임, 등산 모임, 초청 특강, 단체여행 등 여러 가지 모임이나 행사가 있을 때 기존 회원들에게 새로운 사람들을 초대하게 만들면 된다.

2005년에 인맥관리스터디 모임을 운영했을 때의 일이다. 매주 실천과제로 주변 사람들을 1명씩 초대하여 함께 모임에 나오도록 했다. 하지만 2주일 후, 스터디 모임이 다시 열렸을 때 12명의 회원 중에서 실제로 다른 사람을 동행하고 나온 사람은 3명에 불과했다. 나머지 사람들의 이야기를 들어보니 대부분 '인맥 스터디'라는 모임에 대해 다른 사람들이 이상하게 생각한다는 것이었다. 이렇듯 다른 사람을 초대한다는 것은 생각처럼 쉽지 않은 일이다. 참석을 통해 얻을 수 있는 이점이 확실하거나 초대하는 사람에 대한 분명한 신뢰가 있을 때에만 초대에 응하게 된다. 따라서 초대하는 사람에 따라 좋은 인맥을 모임에 합류시키는 일이 어렵지 않을 수도 있다.

내가 주관하는 '각계인사교류 모임'에서도 기존 멤버가 새로운 멤버와 동행하여 참석하는 경우가 있다. 나는 항상 회원들에게 각계의 리더들을 모임에 초대해 줄 것을 당부한다. 최근 내 책을 읽은 독자들에 의해 만들어진 '푸른 고래 팬클럽'도 마찬가지다. 일차적으로 남편이나 아내, 이성 친구를 동행하여 모임에 나오도록 당부하고 있다. 조금 더 시간이 지나면 주변에 있는 좋은 사람들과 함께 모임에 나올 수 있도록 적극 권유할 생각이다. 지금 참석하고 있는 모임이나 행사가 있다면 지인을 초대하여 함께 나오도록 만들어라. 새로운 사람들을 만날 수 있는 기회가 될 것이다.

조 지라드의 법칙대로 한 사람이 250명을 알고 있다는 가정 하에 계산해보면 한 다리를 거쳐 내가 알 수 있는 사람이 250명×250명=61,250명이나 된다. 따라서 내가 알고 있는 250명이 나를 소개 또는 추천하게 만들거나 다른 사람과 내가 연결시켜 주도록 만들면 새로운 사람들을 많이 만날 수 있다. 알고 있는 사람들의 수가 얼마 되지 않는다고 걱정하지 말고, 그 사람들의 주변에 있는 250명을 명심하라.

하지만 네트워크를 통해 새로운 만남을 늘려가는 것은 생각보다 쉽지 않다. 소개나 추천, 연결이나 확장 또한 계획과 노력이 뒷받침되어야 하기 때문이다. 어쩌다가 저절로 생겨나는 네트워킹만으로는 부족하다. 내 주변에 있는 사람들을 통해 새로운 인맥, 새로운 고객을 만나려는 노력을 의식적으로 꾸준히 해야 네트워킹이 많아진다. 지금 내가 알고 있는 사람들을 다시 한 번 생각해 보고 그 사람들을 통해 소개, 추천, 연결, 초대가 일어나도록 적극적으로 시도하라.

기존 인맥을 확장하라

유형	어떻게 확장할 것인가?
소개	
추천	
연결	
초대	

4. 취미나 관심 분야를 넓혀라

새로운 인맥을 만나는 네 번째 유형은 취미나 관심 사항을 넓히는 것이다. 누구에게나 좋아하는 것, 잘하는 것이 있다. 그런 분야를 적극적으로 활용하여 취미로 삼으면 많은 사람을 만날 수 있다. 또한 관심 분야를 넓혀 다양한 사람들을 만날 수 있는 기회를 늘릴 수 있다.

한동안 내 취미는 바둑이었는데, 시간이 날 때마다 기원을 방문하여 주인이 소개해 주는 사람과 바둑을 두곤 하였다. 이렇게 만나서 지금까지 오래된 친구처럼 지내는 사람도 있다. 사회에서 만난 동생 S는 취미가 사진 찍기인데, 프로급이다. 동호회에 가입하여 정기적으로 출사를 나가는데 거기서 형성된 인맥들이 영업에 많은 도움을 준다고 한다.

독자 여러분에게 강력 추천하는 웰빙 만남은 취미나 관심 사항을 통한 만남이다. 본인의 취미나 관심 사항은 무엇인지 생각해 보고, 좋은 인맥을 만나는 방법으로 적극 활용하라.

취미 모임/ 활동

취미 모임이나 활동은 많은 사람들을 새롭게 만날 수 있는 가장 좋은 방법이다. 경제적으로 여유가 생기고, 웰빙 바람이 불면서 여가를 즐기려는 사람들이 많아졌다. 적성에 맞는 취미 모임에 가입하여 활동하면 새로운 사람들을 만날 수 있다. 축구를 좋아하는 사람은 '붉은 악마' 또는 자기가 좋아하는 축구구단의 서포터에 가입하여 활동하면 된다.

:: 생활 관련 취미

꽃꽂이, 수석 모으기, 십자수, 뜨개질, 지점토, 선물 포장, 페이스페인팅, 관람(영화, 연극, 콘서트, 무용, 전시회, 비디오, DVD), 음악 감상(고전음악, 재즈, 라틴, 팝송, 국악, 가요), 노래, 사진 촬영, 요리, 다도, 와인, 커피, 수집(우표, 동전, 지폐, 미술품, 인형, 조각상, 골동품), 그림, 동물 기르기, 화초, 분재, 공예(미니어처, 인형, 가구, 조립품, 생활 소품, 와이어 공예), 풍선아트, 물건 리폼하기, DIY, 종이접기 등

:: 학습 관련 취미

독서, 만화, 서예, 펜글씨, 바둑, 장기, 체스, 게임, 작곡, 악기연주(기타, 베이스, 드럼, 바이올린, 첼로, 클라리넷, 오카리나, 플루트, 색소폰, 트럼펫, 하모니카, 리코더, 가야금, 대금, 장구, 창작(시, 시조, 소설, 수필, 시나리오 등), 그림, 조각, 무용, 컴퓨터, 퍼즐, 퀴즈, 조립, 시 낭송, 판소리, 성악, 노래 부르기, 천체관측, 조류 탐사 등

:: 스포츠 관련 취미

축구, 야구, 농구, 배구, 탁구, 배드민턴, 테니스, 골프, 당구, 피구, 포켓볼, 볼링, 조깅, 마라톤, 헬스, 수영, 다이빙, 핸드볼, 하키, 양궁, 사격, 태권도, 유도, 검도, 합기도, 쿵푸, 이종격투기, 씨름, 권투, 스쿼시, 족구, 육상, 요가, 필라테스 등

:: 레저 관련 취미

여행, 등산, 낚시, 행글라이더, 패러글라이딩, 경비행기, 스킨 스쿠버,

래프팅, 요트, 윈드서핑, 자전거, 산악자전거, 오토바이, 자동차 드라이브, 카 레이싱, 트래킹, 철인삼종경기, 스키, 승마, 인라인스케이트, 보드, 서바이벌 게임 등

:: 기타 관련 취미

웹서핑, 훌라후프, 요요, 사교댄스, 마술, 타로, 템플스테이, 주말농장 등

관심 분야 모임/ 활동

관심 있는 분야 모임에 가입하거나 다양한 주제에 관심을 갖고 활동하면 새로운 사람들을 많이 만날 수 있다. 나는 1990년대 후반에 전자민주주의에 관심을 갖고 관련 연구 단체의 모임과 행사에 참여했었고, 2000년대 초반에는 시민 단체의 예산 감시 모니터링과 고교평준화 문제에 관심이 있어 이 분야에 관심 있는 사람들이 만든 모임에서 적극적인 활동을 했고, 그 결과 새로운 사람들을 많이 만날 수 있었다.

내가 관심을 가지고 있는 분야는 무엇인지 생각해 보고, 새로운 사람들을 만날 있는 방법을 찾아보자. 독도 문제에 관심이 있다면 '반크'와 같은 독도지킴이 활동에 참여하면 되고, 중국의 역사 왜곡 문제에 관심이 있다면 '동북공정대책 모임'에 참여하면 된다.

:: 정치 분야 관심 사항

지방자치선거, 국회의원선거, 대통령선거, 정치개혁, 지역감정 해소, 불법정치자금 근절, 온라인 민주주의, 주민소환제, 대통령제와 의회내각제, 선거구 개편, 진보정당, 풀뿌리 민주주의, 예산감시, 의정활동 모니터링,

주민소환, 주민발의 등

:: 경제 분야 관심 사항

내 집 마련, 전원주택, 재테크, 부동산, 경매, 재개발, 재건축, 리모델링, 주식, 펀드, 선물, 채권, 예금, 보험, 남북경협, 중국 비즈니스, 베트남, FTA, IPTV, 인터넷전화, 위성발사, 창업, 프랜차이즈, 귀농, 실버산업, 네트워크 판매사업, 전자출판, 웹2.0, 인터넷 비즈니스. 인터넷 쇼핑몰, 인터넷 바이럴 마케팅, 블로그 마케팅, 온라인 교육사업, SNS사업, 바이오산업, 게임 산업, 평생교육, 공기업 민영화, 식량문제, 자원문제, M&A, 전략적 제휴, 다국적기업, 신자유주의, 종부세, 조세제도, 건강보험, 국민연금, 규제완화, 기업경영투명화, 경제정의실천, 빈부격차해소 등

:: 사회 분야 관심 사항

양성평등, 소수자인권, 외국인근로자, 노령화, 낙태, 이혼, 간통, 매매춘, 미혼모, 결식아동, 독거노인, 치매, 장애인복지, 결손가정, 다문화사회, 고교평준화, 공교육 정상화, 학교폭력, 학교급식, 대안학교, 대학입시제도, 군대문화, 양심적 병역거부, 종교차별, 광우병, 촛불집회, 실업, 비정규직, 자동차(승용차), 교통문제, 저작권법, 수질오염, 공해, 환경운동, 합리적 노사관계, 최저임금제, 언론개혁, TV 시청료 인상, 공무원연금 개혁, 사형제도, 장기기증, 해비타트 등

:: 문화 분야 관심 사항

일본의 역사왜곡, 독도문제, 지문날인 반대, 중국의 동북공정, 우리 역

사 바로 알기, 저작권보호, 인터넷 실명제, 스크린 쿼터제, 불법복제, 저작권보호, 덕수궁 복원, 창작 뮤지컬, 독립영화제, 길거리축제, 미술품 경매, 한류열풍, 길거리응원, 봉산탈춤, 하회마을, 전통혼례, 궁중음식, 바리스타, 소믈리에, 마에스트로, 큐레이터, 내셔널 트러스트 등

:: 기타 분야 관심 사항

해양박람회, 동계올림픽, 학습법, 독서법, 아버지 학교, 건강식품, 섭생법, 약초, 따이한, 인종분쟁, 종교문제, 세계사, 환단고기, 사주, 관상, 토정비결, 과거사 바로잡기, 의문사 조사 등

취미나 관심 분야를 넓혀라

유형		어떤 취미 모임이나 관심 분야에서 활동할 것인가?
취미	생활 관련	
	학습 관련	
	스포츠 관련	
	레저 관련	
	기타	
관심 분야	정치 분야	
	경제 분야	
	사회 분야	
	문화 분야	
	기타	

5. 일을 통해 만나라

일을 통해 새로운 사람을 만나는 것은 매우 바람직하면서도 현실적인 방법이다. 내가 맡고 있는 업무나 비즈니스에 관련된 사람들과 접촉하면 아무런 연결 고리 없이 이루어지는 만남보다 훨씬 오래 인간관계가 지속될 수 있다. 일과 관련된 만남에는 어떤 것들이 있는지 알아보자.

:: 제휴

기업 경영진, 전문직 종사자, 자영업자의 경우에는 다른 기업이나 기관과 제휴를 맺으며 만남의 폭을 넓혀갈 수 있다. 마찬가지로 직장인도 맡은 업무에 따라 관련 있는 단체 또는 사람들과 제휴를 통해 새로운 인간관계를 형성할 수 있다. 가장 일반적인 것이 마케팅 분야에서의 제휴이며 그 외 연구, 생산, 유통 등 전 분야에서 제휴를 추진할 수 있다.

법무사 사무실을 운영하는 H는 제휴를 통해 탄탄한 지역 네트워크를 구축했다. 자신의 법무사 사무실을 중심으로 인근지역의 공인중개사, 세무사, 은행지점 등과 제휴하여 관내 지도와 지하철 노선표를 만들어 주민들에게 무료로 배포하였다. 제작에 필요한 비용은 함께 분담하였고, 참여업체들의 홍보 문안을 배포자료에 포함시켰다. 이런 방법을 통해 외지인으로서 취약했던 지역 인맥을 빠른 시일에 구축할 수 있었다.

나는 다음 카페 '교육의 모든 것'을 개설하였을 당시, 대규모 인터넷 커뮤니티를 운영하는 카페지기, 운영진들에게 상호 홍보메일을 발송하자고 제안했었다. 실제로 많은 카페, 포럼 운영자들과 홍보메일을 교환하여 발송하였고, 그 과정을 통해 몇몇 사람과는 지금까지 친분을 유지하고 있다.

기업의 경우 제휴카드 발급, 산학연 협력시스템 체결, 자재공동구매 등 다양한 형태의 제휴가 이루어지는데, 제휴를 추진하는 과정에서 새로운 인맥을 많이 형성할 수 있다. 자동차판매 영업사원의 경우 보험 영업사원과 제휴가 가능할 것이고, 카센터나 중고자동차매매센터에서 일하는 사람들과 제휴할 수 있다. 생명보험 영업사원은 화재보험 영업사원과 제휴가 가능할 것이다.

:: 아웃소싱

아웃소싱은 기업 업무의 일부를 경영 효과 및 효율의 극대화를 위해 제3자에게 위탁해 처리하는 것을 말한다. 아웃소싱 역시 새로운 사람을 만나는 경로로 활용될 수 있다.

나는 인터넷 카페를 운영하며 수많은 소모임을 만들었지만, 모임에 한 번도 직접 참여한 적이 없다. 대부분 모임 개설과 동시에 총무를 모집하여 전적으로 모임 운영을 위임해왔다. 그리고 이런 과정을 통해 총무에 지원한 사람들과 만날 수 있었다.

내가 설립한 휴먼 네트워크 연구소에서는 21시간 과정으로 강사양성 과정을 운영한다. 모든 강의를 혼자 소화할 수도 있지만 최소한의 시간만 직접 강의를 하고, 나머지 시간은 적절한 강사들을 섭외하여 강의 의뢰를 한다. 역시 새로운 사람들과 인간관계를 형성하는 계기가 된다. 예전에 출판사를 운영할 때도 마찬가지였다. 교정교열이나 간단한 작업은 가급적 외부에 맡겼다. 물론 내부에서도 할 수 있는 일이었지만, 아웃소싱을 통해 많은 사람들을 만나고 인적 네트워크를 구축하는 것이 더욱 바람직하다고 판단했기 때문이다.

예전에는 기업들의 아웃소싱이 생산, 판매 등 국한된 분야에서만 이루어졌는데, 최근에는 인사, 노무 관리에 이르기까지 다양한 분야에서 이루어지고 있다.

영업사원이나 자영업자, 전문직 종사자의 경우에도 자신의 일 중에서 아웃소싱 할 수 있는 부분을 찾아 외부 사람들과 네트워크를 구축하는 것이 바람직하다. 많은 고객을 확보한 영업사원이라면 DB관리, 고객관리, 자료발송 등을 아웃소싱할 수 있을 것이다.

:: 거래처

비즈니스와 관련된 거래처를 늘리는 과정에서 새로운 사람을 만날 수 있다. 영업사원의 경우 신규 거래처를 뚫는 과정에서 인맥을 만들 수 있고, 전문직이나 자영업자의 경우 신규 고객을 만드는 과정에서 새로운 인맥을 형성할 수 있다. 반대로 내가 필요로 하는 물품, 서비스를 구입하는 거래처도 다양화하면 여러 사람을 만나게 된다.

나는 예전에 부동산 관련 사업체를 운영했던 적이 있다. 모회사와 자회사까지 모두 7개의 회사를 만들었는데 설립 등기를 위임할 때도 5곳의 법무사를 거래처로 선정하였다. 그 이후에도 어떤 계약을 하든지 최대한 많은 변호사, 법무사, 감정평가사, 세무사, 광고기획사, 신문사 광고담당직원들과 거래 관계가 형성되도록 노력했다. 2008년에는 연금보험 3개를 가입하였는데 각각 다른 3명의 영업사원과 계약을 하였고, 6권의 책을 출간하면서는 5곳의 출판사와 계약을 하였다. 이 글을 읽는 독자 중에 화장품영업에 종사하는 분이 있다면 미용실을 한 곳만 단골로 다니지 말고, 몇 곳을 함께 이용하라. 새로운 인맥과 고객을 넓혀나갈 수 있는 좋은 방법이 될 것이다.

:: 업계의 전문가, 리더와의 만남

내가 종사하는 일에 관련된 전문가와 도움을 받을 수 있는 업계의 리더를 만나라. 동종업계 종사자, 정부기관, 학계, 연구기관, 협회, 단체, 모임, 연관 산업, 언론방송 종사자 등 다양하다.

이 중에서 일을 매개로 만날 수 있는 사람들이 누구인지 생각해 보고 만나라. 자문이나 조언을 구할 수 있고, 제도 개선이나 규제 완화에 대해 건의할 수도 있고, 특정 정보에 대한 기사화를 부탁할 수도 있다. 또는 시장 동향이나 전망에 대한 정보 교류를 목적으로 만날 수도 있다.

교육담당자 중에는 인맥 형성을 목적으로 자신이 만나고 싶은 특정 강사나 유명인에게 강의를 의뢰하는 경우가 많다. 앞으로 나는 전업 작가로서 집필에 몰두할 계획이므로 이 일에 도움을 줄 수 있는 유명작가, 출판사 대표, 오디오 북 제작관계자, 언론방송의 문화부 담당기자 등을 많이 만날 것이다. 내가 하는 일에 자문을 구하거나, 함께 추진할 만한 프로젝트를 제안하며 만남을 요청할 것이다. 보험영업사원이나 자동차영업사원들은 업계에서 최고 판매왕이 된 사람들을 가장 먼저 만나볼 것을 추천한다.

일을 통해 만나라

유형	어떤 방법을 통해 만날 것인가?
제휴	
아웃소싱	
거래처	
업계의 전문가, 리더와의 만남	

단체나 협회, 모임에 가입하는 것은 빠른 시간에 많은 사람을 만날 수 있는 가장 효율적인 방법이다. 우리 사회에는 수많은 단체와 모임이 존재한다. 살고 있는 곳의 지역 모임, 직장에 관련된 업계 모임, 업무와 관련된 비즈니스 모임 등 원하기만 한다면 매우 많은 모임에 가입할 수 있다. 인맥관리처럼 단체나 모임도 확률게임이다. 1~2개 가입했다고 절대 좋은 인맥이 만들어지지 않는다. 여러 개의 단체, 모임에 가입해야 그 중에 나와 맞는 모임이 몇 개 생긴다.

내가 아는 모 그룹 회장은 최고경영자과정만 27개를 수료하였다. 단체나 모임은 평생에 걸쳐 꾸준하게 늘려간다고 생각해야 한다. 나에게 가장 적합한 모임은 무엇인지 조사해 보고, 적극적으로 가입하여 활동하라.

:: 협회

내가 일하고 있는 분야의 협회에 가입하는 것은 동종업계 사람들을 가장 손쉽게 많이 만날 수 있는 방법이다. 지난 2006년, 전문 강사로 교육업계에 몸담기 시작하면서 한국평생교육강사연합회에 가입하여 활동하였다. 그리고 2008년에는 한국기업교육협회를 창립하여 초대회장을 맡게 되었다. 이 단체들을 통해 나는 평생 교육업계에서 일하는 많은 선후배, 동료강사들을 만났고, 교육컨설팅업체를 비롯한 교육관련 비즈니스에 종사하는 많은 사람들과 인연을 맺을 수 있었다. 내가 하는 일, 사업에 관련된 협회가 결성되어 있으면 적극적으로 참여하라.

정당의 당원으로 가입하여 활동하는 것도 새로운 사람을 만날 수 있는 방법이다. 전국의 각 지역마다 선거구별로 조직이 있기 때문에 내가 거주하는 지역의 정당사무실에 연락하여 가입하면 된다. 지난 2000년, 나는 민주노동당 안산시지구당에 당원으로 가입하였다. 인터넷 지역신문에 소개된 송년행사 공지를 보고 구경꾼으로 참석하였다가 얼마 후 가입하였다. 그리고 2002년 지방자치선거에서 민주노동당 후보로 기초의원에까지 출마하게 되었다. 아쉽게 당선되지는 못하였지만, 그 과정에서 많은 사람들을 새롭게 만나게 되었다. 특히 헌신적으로 선거운동을 도와준 경창수 씨, 신상균 씨, 권영남 씨는 내 인생에서 두고두고 잊지 못할 고맙고 소중한 인연들이다. 아쉽게도 개인적인 사정으로 민주노동당을 탈당하였지만 아직까지 여러 사람들과 지속적인 관계를 유지해 오고 있다.

∷ 종교

이명박 대통령이 당선되었을 때 '소망교회 인맥'이라는 말이 생겨났듯이 종교 활동을 통해서도 많은 사람들을 만나고 좋은 인맥을 형성할 수 있다. 자신의 종교에 따라 교회, 성당, 절 등에 다니며 다양한 사람들과 만남의 기회를 가지면 된다. 종교를 통한 만남은 어디까지나 신앙생활이 최우선이고, 좋은 만남은 부수적인 결과물로 생각해야 한다. 오래전 부동산중개업에 종사하는 C사장을 만났던 적이 있다. 당시 사업 때문에 5개의 교회를 동시에 다니고 있다는 말에 매우 놀랐었다. 개인적으로 이것은 바람직하지 못한 일이라 생각한다.

이 자리를 빌어 고해하면 나도 몹시 후회스러운 과거가 있다. 지난

2002년 지방자치선거에 출마하면서 주일마다 동네 교회에 다녔었다. 처음 교회를 나갈 때는 선거 결과에 상관없이 계속 신앙생활을 하리라 굳게 다짐했었다. 그런데 막상 선거에 낙선하고 나니 대인기피증까지 생겨 교회는커녕 집 밖에도 나가지 않고 한동안 두문불출하였다. 결국 얼마 후에는 작은 믿음마저 모두 사라져 버렸고, 다시는 교회에 나가지 않았다. 아직도 그때를 생각하면 얼굴이 뜨거워지고, P목사님과 교회 신도분들께 미안한 마음뿐이다.

교회에 멀어진 것과는 달리 최근에는 한 달에 한 번 템플스테이에 참여하고 있다. 그렇다고 불교에 대한 믿음이 생겨난 것은 아니고, 그저 마음을 수련하고 심신을 휴식하는 방법으로 선호할 따름이다. 독자 여러분 중에서도 특정 종교에 대한 믿음이 있거나 신앙생활에 뜻이 있다면 종교 활동을 통해서 새로운 인맥을 많이 만날 수 있다. 올바른 신앙심을 가지도록 노력하되 좋은 인연을 맺는 데도 관심을 기울여라.

:: 시민 단체

자신의 가치관, 관심 분야에 따라 시민 단체에 가입하여 활동하면 새로운 사람을 많이 만날 수 있다. 다만 단체별, 지역별 특성에 따라 상근간부들 중심으로만 활동이 이루어지고 일반 회원의 참여 공간이 없는 경우도 많으니 사전에 충분하게 조사해야 한다. 나는 안산지역에서 환경운동연합, YMCA, 경실련의 회원 및 간부로 활동한 적이 있는데, 역시 좋은 인맥을 많이 만날 수 있었다. 특정 분야에 전문성이 있다면 시민 단체에서 전개하는 사업에 주도적으로 참여하는 것도 가능하다.

:: 경제 단체

경제단체는 기업인, CEO들을 만날 수 있는 가장 좋은 경로이다. 설립목적과 대상 등에 따라 매우 많은 종류의 경제 단체가 있기 때문에 자신에게 가장 잘 맞는 곳을 선택해서 가입해야 한다. 아울러 단순한 회원 가입에 그치지 말고 적극적으로 모임과 행사에 참석하라. 가급적 임원이나 운영진이 되어야만 많은 사람들과 교류가 가능해진다. 10여 년 전에 소기업소상공인연합회 안산지부의 사무국장을 맡았던 적이 있는데 잠깐 동안 활동하긴 했지만 지역의 기업인과 공무원, 언론방송 종사자들을 많이 만날 수 있었다. 본인은 어떤 경제 단체에 가입하여 활동할 수 있는지 조사해 보라.

:: 봉사 단체

사회에는 수많은 봉사 단체가 있다. 그중에서 관심 있는 분야의 봉사 단체에 가입하여 활동하면 새로운 사람들을 많이 만날 수 있다. 대학교 때, 나는 6개 대학의 연합서클인 '등롱' 봉사 모임에서 활동했었다. 처음에는 고아원에 방문하여 학습지도를 하였고, 나중에는 가출한 소년들을 돌보던 목사님 댁에서 공부를 가르쳤다. 등롱 활동을 통해 많은 사람들을 만났고, 인생에서 잊지 못할 소중한 추억을 만들었다. 최근에 나는 '푸른 고래 교육봉사단'을 결성하여 무료강의를 봉사해 줄 수 있는 강사들을 회원으로 모집하고 있다. 앞으로 이 활동을 통해 새로운 사람들을 많이 만날 수 있을 것으로 기대하고 있다.

:: 친목 모임

사회에는 친목이나 교류를 목적으로 결성되어 있는 단체도 많다. 이런 모임에 가입하여 활동하는 것도 다른 사람을 만날 수 있는 좋은 방법이다. 다만 지역별로 얼마나 활발하게 운영되고 있는지 잘 파악하여 가입해야 한다.

-라이온스

1917년 6월 7일 미국 일리노이 주 시카고 시에서 멜빈 존스라는 한 젊은 보험원이 협회를 창설하였다. 지역사회를 위한 봉사와 불우한 사람을 돕는 것을 목적으로 라이온스 인터내셔널이 설립되었던 것이다. 미국 전역에 걸쳐 봉사심이 투철한 사람들이 일치단결하였고, 라이온스 클럽은 급격히 성장하였다. 오늘날 라이온스 인터내셔널은 190여 개국에 분포되어 있어서 문자 그대로 세계적인 영역을 가진 단체이다. 한국에서는 1959년 2월, 서울 라이온스 클럽의 발족을 기점으로 발전을 거듭하여 1995년 7월 서울에서 제78차 세계대회를 개최한 바 있다. 전국 15개 지구에 1,300여 개의 클럽이 있어 미국 · 일본 · 인도에 이어 세계 4위라는 지도국의 위치에 있다.

-한국 로타리

로타리는 120만 명의 사업가, 전문직 및 지역사회 리더들로 구성된 전 세계적인 단체이다. '로타리안' 이라고 불리는 로타리 클럽 회원들은 인도주의적 봉사를 하고, 모든 직업의 높은 도덕적 수준을 고취하며, 세계 곳곳에 선의와 평화 구축하는 데 협력한다. 2007년 6월 15일 기준으로 한국 로타리는 17지구, 1,333 클럽, 회원수 54,221명에 이르고 있다.

이밖에 우리 주변을 둘러보면 일상생활에 관련된 단체들도 많이 있다. 내가 사는 지역에 어떤 단체가 설립되어 있는지 살펴보고 그중에서 관심 있는 곳에 가입하라.

나는 안산의료생활협동조합에 조합원으로 가입되어 있다. 하루 일과의 대부분을 서울에서 활동하다 보니 의료생활협동조합에서 개최하는 각종 모임과 행사는 아직까지 참석하지 못했다. 그러나 정기 소식지를 받아보면 조합원으로 가입한 많은 사람들이 교류와 단합의 시간을 갖고 있는 모습을 사진으로 확인할 수 있다. 시간이 되는 대로 의료생활협동조합에 적극적으로 참여할 생각이다.

단체나 모임에 가입하라

유형	어떤 모임이나 단체에 가입할 것인가?
협회	
정당	
종교	
시민 단체	
경제 단체	
봉사 단체	
친목 단체	
기타	

7. 교육에 참여하라

얼마 전 일이다. '교육의 모든 것' 카페에서 개최한 무료 교육에 참석하였다. 마음경영연구소 김성준 소장의 '마음을 경영하는 법' 이라는 강의였는데 매우 유익한 시간이었다. 휴식시간에 잠깐 커피를 마시는데 옆으로 스쳐지나가는 사람이 무척 낯이 익었다. 곰곰이 생각해 보니 KBS 개그콘서트에서 '현대생활백수' 코너로 큰 인기를 끌었던 개그맨 고혜성 씨였다. 반가운 마음에 인사를 청하고 명함을 주고받았다. 며칠 후, 점심을 함께 먹으면서 많은 이야기를 나누었다. 그는 최근 『자신감 대통령』이라는 책을 출간하였고, 놀랍게도 중학교 12년 후배라는 사실도 알게 되었다. 신기한 마음에 이야기하면 할수록 마음이 잘 통해 호형호제까지 약속하는 사이가 되었다.

교육에 참여하는 것은 단체나 협회, 모임에 가입하는 것과 더불어 새로운 인맥, 신규 고객을 만나는 가장 좋은 방법이다. 자신의 상황에 맞는 교육에 참여하면 좋은 인맥을 많이 만날 수 있다.

∷ 최고경영자과정

전국의 각 대학, 경제 단체, 교육기관마다 최고경영자과정, 최고CEO과정 등의 이름으로 특별교육 과정이 개설되어 있다. 대부분 6개월에서 1년 과정으로 이루어지며 비용은 200만 원 부터 2,000천 만원이 넘는 것까지 천차만별이며 입학 자격도 기관마다 차이가 크다. 자신에게 적합한 교육 과정을 찾아 참여하라. 최근에는 변화의 움직임도 나타나고 있지만 아직까지 대부분 최고경영자과정은 배움을 목적으로 하기보다 90% 이상이 사회 각계의 사람들과 인맥을 형성하기 위한 목적으로 참여한다. 따라서 입학을 결정하기 전에 동문 네트워크가 얼마나 내실있게 운영되고 있는지 미리 확인하는 것이 좋다. 그리고 주변에서 교육과정을 수료한 사람을 찾아 조언을 구하는 것이 바람직하다.

-서울대학교 인문학 최고지도자과정(AFP)

서울대학교에서 개설한 교육프로그램으로 우리 사회 각계의 지도자에게 필수적으로 요구되는 창조정신과 윤리정신, 글로벌 마인드 등 인문학적 지식의 고양을 통하여 최고의 지도자로 발전하도록 돕는 것을 목표로 한다. '아드 폰테스 프로그램(AFP, Ad Fontes Program)은 라틴어로 '원천으로' 라는 뜻이다. 1월과 8월에 매년 2번 모집하며 15주 과정이다. 지원 자격은 국내외 CEO급 및 이에 동등한 자격이 있는 사람이다. 수강생으로 한석수력발전 김우식 회장, LG생명과학 김인철 사장, 제일기획 김낙회 사장, SK에너지 김명곤 사장, SK케미칼 최창원 부회장, 한일시멘트 허기호 사장, GS홈쇼핑 허태수 대표 등 한번쯤 들어봤을 법한 유명한 CEO들은 대부분 이 과정을 거쳤다.

-서울대학교 최고경영자과정(AMP)

서울대학교 경영대학원에서 주관하는 교육과정이다. 1976년 개설된 이래, 4000여 명 이상의 동문을 배출하였으며 66기까지 모집하였다. 6개월 과정이며, 매주 수요일에 진행된다. 1기당 모집인원은 70명이며 지원 자격은 공·사기업체 회장, 사장 및 고위 임원, 정부 각 기관의 2급 이상 공무원, 각 군의 장성급 장교, 기타 주요 기관의 기관장급이 해당된다.

-서울대학교 법과대학 최고경영자과정(ALP)

서울대학교 법과대학에서 개설한 교육과정이다. 6개월 과정으로 매주 화요일 저녁 총 64시간에 걸쳐 진행된다. 1기당 모집인원은 50명이다. 지원 자격은 국회의원, 정부기관의 3급 이상 공무원, 각 군의 장성급 인사, 정부투자기관 임원, 상장기업 임원, 언론기관 고위 간부, 15년 이상 경력의 법조인, 의사, 회계사, 변리사, 사회단체 지도자급 인사 및 기타 이에 준하는 직위에 해당하는 사람이다.

-서울과학종합대학원 지속경영을 위한 4T CEO과정

서울과학종합대학원의 교육이념인 4T(eThics-Teamwork-Technology-sTorytelling)를 바탕으로 국내 최고경영자들이 '윤리 및 사회책임경영', '환경경영', '혁신경영', '창조경영'을 연구하여 기업의 미래를 직접 설계해 나가는 것을 목표로 개설되었다. 총 15주 과정으로 매주 화요일 오후 6시~9시 30분까지 진행된다. 현재 7기까지 모집하였고, 1기당 모집인원은 70명이며, 지원 자격은 국내외 CEO급 및 이에 동등한 자격이 있는 사람이다.

-연세대학교 경영전문대학원 최고경영자과정(AMP)

연세대학교 경영전문대학원에서 운영하는 교육과정이다. 1976년 개설된 이래 30년간 3,700여 명의 동문을 배출한 교육프로그램으로 5개월 과정이며 66기까지 모집하였다. 1기당 모집인원은 60명이며, 지원 자격은 기업체의 최고경영자 및 임원, 기타 위와 동등한 자격을 갖춘 사람이다.

-고려대학교 경영대학원 최고경영자과정

고려대학교 경영대학원에서 개설한 교육과정이다. 1975년 설립되어 현재까지 총 3,000여 명의 CEO동문들을 배출하였으며 4개월 과정으로 66기까지 모집하였다. 1기당 모집인원은 60명이며, 지원 자격은 기업체의 최고경영자 및 임원, 기타 이와 동등한 자격을 갖춘 사람이다.

-서강대학교 최고경영자과정(STEP)

서강대학교 경영전문대학원에서 개설한 교육과정으로 현재까지 총 1,600여 명의 동문들을 배출하였으며 43기까지 모집하였다. 1기당 모집인원은 50명이며, 5개월 과정이다. 지원 자격은 공·사기업체 회장, 사장, 임원, 국회의원, 정부기관 고위 공무원, 각 군의 장성, 주요기관의 기관장급 인사, 변호사, 공인회계사, 의사 등 전문직 종사자, 기타 위와 동등한 자격이 있다고 인정되는 사람이다.

-이화여성고위경영자과정

이화여자대학교 경영전문대학원 교육과정으로 1970년에 개설되어 현재까지 3,200명이 넘는 수료생을 배출하였으며 15주 과정이다. 1기당 모집인원은 50명이며, 지원 자격은 현직 여성경영인, 기업체 최고 경영자 및 중견관리자, 경제 및 경영 실무 지식습득을 필요로 하는 사람, 자기개발 및 경영분야 재교육에 관심 있는 사람이다. 총동창회 모임으로 이영회 연합회가 결성되어 운영 중이다.

- 카이스트 최고경영자과정(AIM)

1994년 개설된 최고경영자과정으로 디지털 경제시대를 선도할 고위 결정자가 최신 Information Technology를 이해하고, 새로운 경영패러다임을 갖추어 현대식으로 조직을 이끌어 나갈 수 있는 관리 능력을 부여하는 것을 목표로 한다. 교육기간은 18주 과정이며, 1기당 모집인원은 50명이다. 교육비는 1,000만 원, 지원 자격은 공, 사기업의 최고경영자 및 임원, 정부기관의 3급 이상 공무원, 국회의원 및 군장성, 기타 위의 자격과 동등한 사람이다.

- 경희대학교 최고경영자과정

경희대학교 경영대학원 교육과정으로 교육기간은 1년이다. 1기당 모집인원은 30명이며, 지원 자격은 기업체 최고경영자 및 임직원, 정부 및 단체 기관장, 전문직 종사자가 해당된다. 8천여 명의 수료생들로 최고경영자과정 총동문회가 결성되어 운영 중이다. 교육비는 300만 원이다.

- 중앙대학교 최고경영자과정

중앙대학교 경영전문대학원에 개설된 과정으로 1992년부터 지금까지 총 34기에 걸쳐 수료생을 배출하였다. 교육기간은 4개월이며, 1기당 모집인원은 50명이다. 지원 자격은 기업체 최고경영자와 임원, 정부·사법·국영기업 고위관리자, 국회의원, 군장성, 경찰간부 등이 해당된다.

- 한양대학교 e-CEO과정

한양대학교 경영전문대학원에서 개설한 경영자과정으로 온라인 과정이다. 교육기간은 6개월이며, 1기당 모집인원은 100명이다. 지원 자격은 공·사기업체 최고경영자 및 임원, 정부·유관부처·고위 공무원 및 정부투자기관 고위인사·군고급장교, 금융기관·고위기관 주요책임자, 전문직 종사자 및 기타 동등한 자격이 있다고 인정되는 사람이다. 온라인 과정에 걸맞게 총동문회 홈페이지가 별도로 개설되어 활발하게 운영되고 있다.

−성균관대학교 최고경영자과정(W−AMP)

성균관대학교 경영전문대학원에서 개설한 교육과정으로 교육기간은 16주, 총 24회에 걸쳐 진행된다. 총 5기까지 수료하였는데 선배기수와 함께 듣는 오버랩 강좌, 그리고 전체 강의 중 70%가 부부 특강으로 이루어지는 점이 특징이다. 1기당 모집인원은 50명이며 지원 자격은 상장기업, 주요 기업 최고경영자 및 임원, 정부·국회·사법부의 고위 공직자, 금융기관(은행, 증권, 보험) 임원급 이상, 국회의원, 각계 전문가, 기타 이와 동등한 자격을 갖춘 사람이다.

−한국외국어대학교 글로벌 최고경영자과정

한국외국어대학교 경영대학원 개설과정으로 교육기간은 18주, 1기당 모집인원은 40명이다. 지금까지 총 19기에 걸쳐 수료생이 배출되었다.

−건국대학교 최고경영자과정

건국대학교 경영대학원 개설과정으로 총 43기가 수료하였다. 1기당 모집인원은 30명이며 지원 자격은 기업체 최고경영자 및 임원급, 개인사업 및 이와 동등한 자격을 갖추었다고 인정되는 사람이다. 교육비는 500만 원이다.

−단국대학교 자산관리 최고경영자과정(AFMP)

단국대학교 경영대학원 개설과정으로 교육기간은 5개월이며 1기당 모집인원은 50명이다. 현재 3기까지 수료생이 배출되었다. 지원 자격은 재테크 및 자산관리에 관심 있는 경영자 및 2세 경영자, 금융 및 부동산 관련 투자기관 경영자 및 관리자, 금융기관의 PB 관리자 및 자산운영전문가, 사회공헌활동에 관심 있는 경영자 및 관리자, 기타 이에 준하는 자격을 갖춘 전문가 등이다.

−광운대학교 최고경영자과정

광운대학교 경영대학원에서 개설한 교육과정으로 총 33기에 걸쳐 1,800여 명의 수료생이 배출되었다. 교육기간은 6개월이며, 교육비는 250만 원이다. 1기당 모집인원은 50명이며, 지원 자격은 기업의 최고경영자 및 임원, 공무원 및 국영기업체 임직원, 자영업자가 해당된다.

−아주대학교 CEO 골프아카데미

아주대학교 경영대학원 개설과정으로 교육기간은 1년 2학기로 운영된다. 지원 자격은 지역사회 인사 및 사회지도자, 기업대표자(CEO) 및 임원이며, 학기당 등록금은 300만 원 이다.

─숭실대학교 최고경영자과정

숭실대학교 중소기업대학원 개설과정으로 총 42기, 3천여 명이 수료하였다. 교육기간은 9개월, 1기당 모집인원은 40명이다. 지원 자격은 중소기업 경영인, 자영업 경영자 또는 지망자, 중소기업 유관기관 간부, 변호사, 공인회계사 등 전문직 종사자 등이 해당된다.

─경원대학교 최고경영자과정

경원대학교 경영대학원 개설과정으로 교육기간은 16주, 교육비는 200만 원이다. 1기당 모집인원은 50명이며 지원 자격은 기업체 CEO, 고위 공무원, 기타 이에 준하는 자격을 지닌 사람이다.

─경기대학교 고위정책과정

경기대학교 행정대학원 개설과정으로 총 42기 1,300여 명의 동문이 배출되었다. 교육기간은 1년 2학기제로 운영되며, 1기당 모집인원은 40명이다. 모집대상은 학력에 관계 없이 누구나 지원 가능하다.

─부산산대학교 최고경영자과정

부산대학교 경영대학원 개설과정으로 총 54기가 수료되었다. 교육기간은 6개월이며, 1기당 모집인원은 60명이다. 교육비는 445만 원, 지원 자격은 기업체 최고경영자(이사급 이상), 고위 공무원, 군장성급, 기타 주요 기관 또는 단체의 장을 대상으로 모집한다.

-울산대학교 최고경영자과정

울산대학교 경영대학원 개설과정으로 1년 2학기제로 운영된다. 교육분야는 기업경영환경에 대한 이해, 기업경영에 대한 기초이론 및 응용방법, 최신 경영이론 및 기법, 교양강의 등으로 구성되어 있다. 전화문의는 052)259-2088. 홈페이지 주소는

-경남대학교 최고경영자과정

경남대학교 경영대학원 개설과정으로 마산과 거제에서 각각 운영된다. 교육기간은 1년이며, 매주 목요일 저녁에 진행된다. 입학 후 3개월 동안 선배기수와 합동수업을 진행하는 오버랩 강좌가 특색이다.

-경북대학교 최고경영자과정

경북대학교 최고경영자과정은 1984년 9월에 개설되었으며, 기업이나 각종 기관의 최고경영자로 하여금 다양한 경영관리능력 수행에 필요한 제반지식 및 정보를 제공하는 한편 지도자로서 갖추어야 할 폭넓은 교양을 넓혀줌으로써 경영환경의 변화에 적절히 대처할 수 있는 능력을 배양시키는 동시에 최고경영자 상호간의 유대관계를 강화시키는 데, 교육과정 운영의 목적을 두고 있다. 2007년까지 45기에 걸쳐 1,956명의 수료생을 배출하였으며, 현재 46기생 40명이 재학하고 있다. 교육기간은 5개월이며, 1기당 모집인원은 45명이다. 지원 자격은 공·사기업체의 회장, 사장 및 임원, 정부 각 기관의 5급 이상 공무원, 영관급 이상 군장교, 주요기관(금융기관 지점 포함) 및 사회단체의 장, 자영업자 및 전문경영인, 위 각 항과 동등 이상 및 유사한 지도급 인사가 해당된다.

－전남대학교 최고경영자과정

전남대학교 경영대학원 개설과정으로 교육기간은 1년이며, 1기당 모집인원은 50명이다. 지원 자격은 고위 공무원, 국회의원 및 광역자치단체의회의원, 주요 기업체의 임원, 주요기관(정부출연 연구기관 포함)의 기관장에 해당하는 자, 전문직 및 직능별 대표자, 각 군의 장성, 기타 자격이 있다고 경영전문대학원이 인정하는 사람이다.

－조선대학교 최고경영자과정

조선대학교 경영대학원 개설과정으로 총 24기까지 수료하였다. 교육기간은 1년, 교육비는 120만 원이다. 1기당 모집인원은 100명 이내이며, 지원 자격은 본 대학원에서 수학능력이 있다고 인정하는 사람으로 학력 제한이 없다.

－원광대학교 최고정책관리자과정

원광대학교 법학대학원 개설과정으로 총 34기까지 수료하였다. 교육기간은 1년, 1기당 모집인원은 55명 내외이다. 지원 자격은 정보화, 지방화, 세계화를 선도할 각 분야의 정책관리자, 공공기관의 대표 및 간부(군, 경 포함), 중소기업인, 개인사업체 대표, 사회단체장으로서 만 40세 이상이다.

－충남대학교 최고경영자과정

충남대학교 경영대학원 개설과정으로 교육기간은 1년이며 1기당 모집인원은 50명이다. 지원 자격은 정부 각 기관의 상위직 공무원, 대기업체 대표 및 임원급 인사, 법조인, 의사, 회계사, 문화계 인사 등 사회 각 분야

전문가, 군장성, 국회의원, 공기업체의 고위직 책임자 또는 임원급 인사, 중견 벤처기업인, 기타 주요 기관의 기관장 및 임원급 인사가 해당된다. 현재 24기까지 수료생을 배출하였다.

-충북대학교 최고경영자과정

충북대학교 경영대학원 개설과정으로 청주와 충주에서 각각 운영된다. 1988년 이후 20년에 걸쳐 총 1,500여 명의 수료생을 배출하였다. 교육기간은 1년이며 1기당 모집인원은 25명이다. 지원 자격은 일반기업체의 임원 및 간부, 정부 및 금융기관의 간부, 자영업체의 사장, 기타 이와 동등한 자격을 갖춘 사람이다.

-강원대학교 최고경영자과정

강원대학교 경영대학원에서 개설한 과정으로 춘천, 속초, 구리시에서 각각 운영된다. 교육기간은 2학기 1년이며, 1학기당 12주씩 진행된다. 1기당 모집인원은 40명이며, 지원 자격은 공·사기업체 임직원, 정부 각 기관 공무원, 각 군 장교 및 간부, 개인 또는 강원대학교 대학원과정에 관심이 있는 사람 중 원장이 인정하는 자가 해당된다.

-제주대학교 최고경영자과정

제주대학교에서 개설한 교육과정으로 교육기간은 1년 32주이며, 매주 목요일에 진행된다. 1기당 모집인원은 60명이며, 지원 자격은 공·사 기업체의 대표 및 임원, 고급공무원 및 각 군의 고급장교, 각종 공공기관, 사회단체의 장 및 주요간부, 기타 이와 동등한 자격이 있다고 인정되는 사람이다.

– 국제경영원 최고경영자과정(GAMP)

전경련 부설 별도법인 국제경영원에서 주관하는 프로그램으로 1980년 경제계 최초로 개설되어 28년을 맞고 있으며 총 3,200여 명이 수료하였다. 현재 제58기까지 모집하였으며 교육기간은 15주과정이다. 1기당 모집인원은 70명이며 지원 자격은 기업 및 단체의 최고경영자 및 임원, 정부 각 기관의 최고경영자 및 고위 공무원, 국회의원, 자치단체장, 광역자치단체의원, 변호사, 공인회계사 등 각계 전문 분야 인사 등이다. 교육비는 890만 원이다.

–와튼–KMA 최고경영자과정

한국능률협회에서 미국 와튼스쿨과 제휴하여 주관하는 교육과정으로 6개월 과정이며 현재 제5기까지 모집하였다. 1기당 모집인원은 50명이며 지원 자격은 공·사기업의 CEO, 기업 및 기관의 핵심임원, 정부 및 기관의 고위 공무원, 기관장, 단체장, 전문직 및 사회지도직이다. 교육비는 2,300만 원이다.

– KPC 최고경영자과정

한국생산성본부에서 개설한 교육과정으로 9개월 과정이며 서울지역은 제11기까지 모집하였다. 1기당 모집인원은 40명이며 지원 자격은 기업 CEO, 기관장, 전문직 종사자, 의사, 변호사, 회계사, 변리사 등이다.

–벤처 최고경영자과정

벤처산업협회에서 개설한 교육과정으로 총 6기가 수료하였다. 교육기간은 3개월이며 교육비는 330만 원이다. 지원 자격은 벤처기업 CEO 및 임원이다.

-휴넷 CEO 리더십스쿨

휴넷에서 개설한 최고경영자과정으로 6개월 과정이며 지원 자격은 민간 및 공기업 CEO 및 임원, 고위공직자 및 장성급 군인이다. 교육비는 250만 원이다.

:: 전문교육과정

전문교육과정을 수료하면 업무능력이 향상되고 특정분야의 전문성을 키울 수 있을 뿐만 아니라 교육에 참여하는 사람들과 좋은 인맥을 형성할 수 있다. 자신의 업무나 앞으로의 목표, 현재의 사업 분야에 적합한 교육과정을 찾아서 교육을 수료하라.

지난 2003년, SK텔레콤 노동조합위원장으로 일할 당시 나는 한국노동연구원에서 개설한 노사관계고위지도자과정 5기를 수료하였는데, 이 교육과정을 통해 각계각층의 다양한 사람을 만날 수 있었다.

-노사관계고위지도자과정

한국노동연구원에서 개설한 노사관계전문과정으로 지금까지 20기에 걸쳐 1,800여 명의 수료생이 배출되었다. 교육기간은 6개월이며 1기당 모집인원은 60명이다. 지원 자격은 정부 각 기관의 4급 이상 공무원, 정당, 사회단체의 간부 및 노동관계 전문가, 기타 공공단체의 장 및 임원이 해당된다. 노무현 전 대통령이 1기, 한명숙 전 총리가 12기로 수료하였으며 총동문회가 탄탄하게 운영되고 있다.

-M&A전문가과정

M&A포럼(주)에서 개설한 M&A전문 교육과정이다. 교육기간은 4주, 1기당 모집인원은 40명이고, 총 34기가 수료되었다. 교육비는 130만 원이다.

-매경 eMBA

매일경제교육센터에서 운영하는 교육과정으로 총 4기까지 모집하였다. 경영전략, 인사조직, 회계, 재무, 글로벌경영전략, 마케팅의 6과목에 대해 온라인 동영상강좌 및 오프라인 특강으로 진행되며 교육기간은 6개월, 교육비는 200만 원이다.

-휴넷 마케팅 MBA

대한민국 경영교육의 대표주자인 휴넷이 이론과 실무를 겸비한 마케팅 최고전문가를 양성하는 것을 목표로 개설한 과정으로 총 6기까지 수료하였다. 교육기간은 6개월 과정이며, 온라인 교육과 오프라인 특강이 병행된다.

-부동산경매과정

건국대학교 부동산아카데미에서 운영하는 교육과정으로 총 100기까지 수료하였다. 입찰 절차부터 명도까지 단계별, 실무 중심의 실전경매과정이다. 교육기간은 3개월이며 동문, 원우회가 활발하게 활동하고 있다. 건국대학교 부동산 아카데미에서는 경매과정 외에도 디벨로퍼과정(20기), 토지전문가 과정(19기)들을 개설하여 운영 중이다.

-해외부동산전문가 과정

명지대학교 부동산대학원에서 개설한 교육과정으로 총 7기까지 수료하였다. 해외부동산 투자 및 개발에 관심 있는 일반인 및 기업인들을 대상으로 해외부동산 주요국의 부동산거래 제도 및 법규 연구, 관심지역 시찰, 개발사례 연구 등의 교육과정을 진행한다. 교육기간은 5개월이며, 모집인원은 40명이다.

-이미지메이킹강사 과정

플러스 이미지 랩에서 개설한 교육과정으로 5주차 30시간에 걸쳐 진행된다. 1기당 모집인원은 10명이며, 지원 자격은 이미지강사를 꿈꾸는 일반인, 예비 강사, 다른 분야에 활동 중인 강사를 대상으로 운영된다.

-웃음치료사 과정

유머발전소에서 개설한 교육과정으로 2일, 18시간에 걸쳐 진행된다. 1기당 모집인원은 25명이며 교육비는 25만 원.

-MD(머천다이저) 과정

MD아카데미에서 개설한 교육과정으로 총 47기가 수료하였다. 교육기간은 5개월이며, 모집인원은 20명 내외, 교육비는 178만 원이다.

:: 대학/ 대학원

대학이나 대학원에 입학하는 것도 새로운 인맥을 만날 수 있는 좋은 경로다. 현대 사회는 평생학습 시대다. 고등학교나 대학교를 졸업했다고 배움이 끝난 것으로 생각하지 말고, 여건이 허락되는 한 죽을 때까지 학습을 지속해야 한다. 전문대학(원)이나 일반대학(원) 중에서 동문네트워크가 탄탄하게 구축된 곳을 찾아 자신의 전공 분야나 관심 분야에 진학하면 된다. 최근에는 사이버대학에 진학하는 것도 좋은 방법이다. 사이버대학은 학점당 6~8만 원 정도의 저렴한 학비로 학업이 가능하며, 대부분 수업이 온라인 과정으로 진행되기 때문에 직장인이나 시간을 내기 어려운 전문직, 자영업종사자들에게도 적합한 교육과정이다. 또한 최근에는 각 대학별로 지역별 커뮤니티 및 학습관 운영, 오프라인 강의 개설, 단체 활동 등의 프로그램을 운영하고 있기 때문에 새로운 사람을 만나고 인적 네트워크를 구축할 수 있는 방법으로도 손색이 없다.

:: 포럼

우리 사회에는 수많은 포럼이 운영되고 있다. 역사가 깊은 모임은 1,500회가 넘은 역사를 자랑하는 곳도 있다. 대부분 조찬포럼으로 열리지만 드물게 저녁 시간에 개최되는 것도 있다.

지난 2007년, 나는 경희비즈니스 클럽에 우연히 참석하였다가 사무국장을 맡고 있는 박창규 한국난화원 대표를 만나게 되었다. 며칠 후 내 책을 선물로 보내며, 좋은 만남이 이루어지기를 마음속으로 기원하였다. 다행스럽게도 아직까지 인연의 끈을 이어가고 있으며 최근에도 물심양면으로 여러 가지 도움을 받고 있다.

최근에 나는 한국시민자원봉사회에서 매월 개최하는 서울포럼에 연사로 초대되어 강연을 하게 되었다. 이 날 행사를 통해 이재영 운영위원장을 비롯하여 귀한 분들을 많이 알게 되었는데 앞으로 좋은 인연으로 가꿔나가려 마음먹고 있다. 며칠 후에는 서울프라자호텔에서 개최되는 세종로포럼에서 조찬강의를 하게 되는데 역시 좋은 만남이 많이 이루어질 것으로 기대하고 있다. 조찬 모임이나 포럼은 새로운 사람을 많이 만날 수 있는 가장 대표적인 방법이다. 시간, 장소, 참가비 등을 고려하여 적합한 모임을 선택하고 꾸준하게 참여하라.

대표적인 포럼에는 인간개발경영자연구회조찬 모임, 도산 조찬 세미나, KITA 최고경영자 조찬회, 휴넷 CEO Insight 월례조찬, 세리 CEO 조찬 세미나, KMA 최고경영자 조찬회, KSA 최고경영자 조찬회, KPC CEO 포럼, 대한상의 CEO간담회, 경영자독서모임(MBS), 세종로포럼, CFO 조찬포럼, 예경모, CEO 독서아카데미, 대구경영자독서모임 등이 있다.

:: 자기계발교육

평생교육시대에 걸맞게 자기계발에 관련된 전문적인 교육프로그램을 제공하는 교육기관이 많이 등장하였다. 사람은 죽을 때까지 학생이라고 믿기 때문에 여러 종류의 교육기관이 설립되는 것은 매우 바람직한 현상이라 생각한다. 다만 어떤 곳은 교육프로그램의 질이 형편없이 낮은데도 불구하고 단지 외국에서 들여왔다는 브랜드만 내세워 턱없이 비싼 교육비를 받는 곳도 많기 때문에 자신에게 꼭 필요한 교육인지 충분히 검토한 후 결정해야 한다. 교육기관에서 개설한 교육프로그램에 참여하면 자기계발은 물론 새로운 사람들을 많이 만날 수 있고, 인적 네트워크를 구축할 수 있다.

∷ 북세미나

북세미나에서는 매월 정기적으로 저자초청특강을 개최한다. 내가 처음 참석한 것은 2004년 12월인데 지금도 시간이 될 때마다 참석하려 노력한다. 지난 2007년에는 저자로서 출간기념특강을 하기도 하였다. 평균 100~200명 정도의 사람이 참석하여 강의를 듣고 저자와 질의응답 시간을 갖는다. 강의가 끝나면 사인회가 있기 때문에 자연스럽게 저자와 인사를 나눌 수 있는 기회도 마련된다. 2007년에 나는 『당신의 책을 가져라』의 저자인 송숙희 작가의 강연에 참석하였다. 강의가 끝난 후 책에 사인을 부탁하며 명함교환을 하였고, 며칠 후에 전화를 걸어 만남을 가졌다. 누구든지 북세미나를 통해 이런 방법으로 새로운 만남을 만들 수 있다. 한 가지 아쉬운 것은 강연 후에 별도로 뒤풀이를 하지 않기 때문에 정해진 행사시간 내에 최대한 다른 사람들과 교류해야 한다는 점이다.

∷ 대중강연회

인터넷의 발달과 더불어 온라인 커뮤니티나 교육 관련 기관에서 일반인들을 대상으로 대중강연회를 개최하는 일이 많아졌다. 누구든지 조금만 노력을 기울이면 양질의 교육을 무료 또는 저렴한 비용으로 수강할 수 있다. 그리고 이런 교육행사에 참석하면 초청강사, 주최측 관계자, 교육참가생들과도 새로운 만남을 가질 수 있다. 뒤풀이를 하는 모임도 많기 때문에 교육에 참석한 사람들과 자연스럽게 인간관계를 맺을 수 있는 기회도 주어진다. 관심 있는 주제를 찾아 대중강연회에 참여하라.

교육에 참여하라	
유형	어떤 교육에 참여할 것인가?
최고경영자과정	
전문교육과정	
대학/ 대학원	
포럼/ 독서 모임	
자기계발교육	
북세미나	
대중강연회	

8. 행사에 참여하라

사회생활을 하다 보면 다양한 종류의 행사에 초대를 받거나 참석하게 된다. 이런 행사는 여러 사람들을 만날 수 있는 좋은 기회가 된다.

내가 아는 사람 중에는 부동산중개업을 하는 P사장이 행사를 가장 잘 활용하는 사람이다. P사장은 60이 넘은 나이에도 행사에 참석하면 자신을 홍보하는 명함, 전단지, 스티커 등을 참석자들에게 일일이 나눠주고 다닌다. 다른 사람의 시선을 개의치 않고 적극적으로 자신을 알리는 모습에서 일에 대한 강한 자부심과 열정을 지니고 있다는 것을 느끼게 된다. 지하철이나 버스에 타서도 승차객들에게 자신의 명함을 나눠준다고 하니, 철저한 프로정신이 아닐 수 없다. 사회에서 다른 사람들을 만날 수 있는 행사에는 다음과 같은 것들이 있다.

　:: 애경사

애경사에는 백일잔치, 돌잔치, 입학식, 졸업식, 결혼식, 회갑연, 칠순잔치, 장례식, 집들이, 개업식, 출간기념회 등이 있다. 이런 행사에는 많은 사람들이 참석하고 또 참석하는 사람들 간의 인간관계가 씨줄날줄로 촘촘하게 엮여 있기 때문에 쉽게 소개나 연결이 가능해진다. 즉, 약간의 노력만 기울여도 새로운 만남을 만들 수 있는 기회가 많이 주어진다. 따라서 애경사에 참석할 때는 좋은 인연을 맺을 수 있도록 다른 사람에 대한 관심과 노력을 기울이는 것이 중요하다.

최근에는 S회장님의 출간기념회에 참석하였다. 개인적으로도 존경하는 분이고, 출간기념회에 오는 사람들을 소개시켜 줄 테니 꼭 참석하라는 S

회장님의 당부가 있었기 때문이다. 예정된 날에 행사장에 도착해 보니 많은 저명인사들이 자리를 함께하고 있었다. S회장님의 소개로 나는 여러 사람들과 명함교환을 하며 인사를 나누었다.

애경사에 참석하면 행사를 주최한 사람에게 다른 참석자들을 소개받을 수 있도록 노력하라. 그것이 여의치 않다면 참석자 중에서 직접 알고 있는 사람들을 찾아보라. 그리고 그 사람들과 동행한 사람들, 또는 그 사람이 알고 있는 다른 참석자들과 자연스럽게 인사를 나눌 수 있도록 시도하라.

:: 비즈니스 행사

비즈니스 행사에는 세미나, 컨퍼런스, 설명회, 토론회, 간담회, 박람회 등이 있다. 이런 행사에 참석하면 많은 사람들을 자연스럽게 만날 수 있다. 나는 교육계에 몸담은 뒤로는 HRD에 관련된 세미나, 토론회에 자주 참석하였다. 그리고 행사장에서 새로운 사람들을 많이 만나곤 하였다. 물론 대부분 내가 먼저 다가가 인사를 하고 악수를 청했기 때문에 가능했던 일이다. 최근에도 삼성동 코엑스에서 열린 HRD컨퍼런스에 참석하여 중국에서 유학 관련 비즈니스를 하는 K원장을 알게 되었다. 내가 교육과정을 수료한 한국노동연구원에서는 노동부장관 또는 정부의 고위인사들을 초청하여 매월 노사관련 이슈에 대한 간담회를 개최한다. 이곳에 참석하면 노무 관련 분야에 종사하는 사람들을 많이 만날 수 있다. 독자 여러분 중에 건축분야에 종사하는 사람이 있다면 경향하우징페어나 MBC 건축박람회 같은 행사에 참석하면 관련업계의 사람들을 만날 수 있는 좋은 방법이 될 것이다.

:: 문화 행사

문화 행사에는 축제, 음악제, 영화제, 미술제, 예술제, 전시회, 문화제 등이 있다. 최근 들어 지방자치단체마다 특색 있는 지역축제를 많이 개최한다. 또한 각 문화예술단체가 주관하거나 산업별, 업종별 단체 주관으로 다양한 문화 행사가 개최된다. 이런 행사에 참석하면 작가, 예술가들과 만날 수 있는 기회가 생기고, 행사 진행요원과 참가자들과도 자연스럽게 교류할 수 있다. 몇 년 전 나는 파주 헤이리마을의 출판문화제와 안산 단원예술제를 관람하면서 작가와 미술가를 몇 명 만났다. 내가 관심 있는 문화 행사에는 어떤 것이 있는지 조사해 보고, 적극적으로 참여하라.

:: 체육 행사

체육 행사로는 축구대회, 농구대회, 배구대회, 야구대회, 골프대회, 테니스대회, 배드민턴대회, 탁구대회, 족구대회, 등산대회, 씨름대회, 마라톤대회, 수영대회, 승마대회, 전국체육대회, 지역체육대회, 길거리응원전 등이 있다. 체육 행사에 직접 선수로 참여하면 좋겠지만, 그렇지 못하면 관람을 하거나 응원단으로 참여하면 된다. 그리고 행사 중에 선수들, 운영요원, 일반 관람객들과 자연스럽게 만남을 갖는다.

지난 주말에 나는 팬클럽 회원들과 남양주에 있는 축령산으로 MT를 다녀왔다. 토요일에 도착하여 산림휴양관에서 1박을 하고 이튿날 산에 올랐다. 당시 등산로 입구가 분주하여 무슨 일인가 살펴보니 산악자전거 대회가 열리고 있었다. 선수, 응원단, 관람객들로 붐비고 있었는데 낯선 사람들끼리도 스스럼없이 인사를 나누며 친해질 수 있는 분위기였다. 지난 2002년 월드컵 길거리 응원전을 통해서 많은 사람들이 처음 보는 사람들과 새로운 만남을 가졌던 경험이 있을 것이다. 내가 참여할 수 있는 체육 행사에는 어떤 것이 있는지 생각해 보고 적극적으로 시도하라.

:: 경연 대회

각종 대회에 참여하는 것도 새로운 사람을 만나는 좋은 방법이 된다. 대회에는 백일장, 가요제, 바둑대회, 장기대회, 체스대회, 게임대회, 미술대회, 웅변대회, 미스코리아 선발대회, 슈퍼모델 선발대회, 퀴즈대회 등 많은 종류가 있다. 언론이나 방송에서 개최하는 대회도 있고, 일반 단체나 기업에서 주관하는 대회도 있다. 직접 참가자로 나가도 되고 관람객으로 참여해도 된다. 최근에는 우승이나 입선을 목표로 하기보다는 새로운 경험을 하고, 자신을 세상에 알리려는 목적으로 출전하는 사람도 많다고 한다. 특히 TV 방송에 얼굴이 나오면 유명세를 탈 수 있기 때문에 영업이나 비즈니스를 하는 사람들은 적극적으로 검토해 볼 만하다. 각종 경연 대회에 직접 참가하거나 관람객으로 참여하여 행사 관계자, 대회 참가자, 관람객들을 자연스럽게 만나라.

:: 기타 행사

지금까지 말한 행사 외에도 대학축제, 졸업전시회, 기념식, 추모제, 경로잔치, 위문잔치, 윷놀이대회, 회식, 단합대회, 야유회, 현장 견학 등 다양한 행사가 있다. 관심 있거나 만나고 싶은 사람들이 많이 참석할 것으로 예상되는 행사가 무엇인지 생각해 보고 직접 참여하라. 새로운 인맥을 많이 만들 수 있을 것이다.

행사에 참여하라	
유형	어떤 행사에 참여할 것인가?
애경사	
비즈니스 행사	
문화 행사	
체육 행사	
경연 대회	
기타	

9. 인터넷에서 만나라

지금은 인터넷 사회다. 실제로 수많은 모임과 만남이 인터넷에서 이루어지고 있기 때문에 오프라인뿐만이 아니라 인터넷을 통한 만남에도 많은 노력을 기울여야 한다. 예전에는 인터넷을 가상공간이라고 불렀지만 이제는 세컨드 라이프로 생각하는 사람이 많으며, 앞으로도 오프라인과 온라인을 구분하기 어려운 상황이 지속될 것이다. 전통적인 인맥은 친밀한 관계를 형성하는 것이 중요하지만 '네트워크의 가치는 참여자 수의 제곱에 비례한다' 라는 멧 칼프의 법칙이 증명하듯 휴먼 네트워크의 가치는 얼마나 많은 사람들과 연결되어 있는지가 관건이다. 인터넷을 통해 만나는 사람과의 관계가 약하다고 걱정하지 말고, 여러 가지 방법을 통해 많은 사람들을 휴먼 네트워크로 구축하라.

:: 커뮤니티

온라인 커뮤니티는 인터넷에서 새로운 사람을 만나는 가장 대표적인 방법이다. 다음 카페, 네이버 카페, 세리포럼 등이 가장 활성화되어 있으며 이외에도 전문 사이트에 개설된 커뮤니티에 가입하여 활동하면 된다. 커뮤니티에 가입하면 가급적 운영진으로 참여하라. 만약 운영진으로 참여하기 어려우면 커뮤니티 내에 소모임을 개설하여 직접 운영하는 것도 바람직하다. 무슨 일을 하든지 회원으로 하는 것보다는 임원, 운영진으로 활동해야 많은 사람과 접촉이 이루어질 수 있다. 인터넷 커뮤니티 중에서도 일, 취미, 거주지역, 경영경제, 관심 사항, 나이 등과 관련된 커뮤니티는 필수적으로 가입하라.

:: 블로그

인터넷에 개인 블로그를 운영하는 것도 많은 사람들과 접촉할 수 있는 방법이다. 자신이 좋아하거나 관심 있는 주제에 대해 글과 자료를 올리면 네티즌들이 검색을 통해 방문하게 된다. 그리고 덧글을 올리거나 트랙백을 걸거나 방명록에 글을 남기는 사람이 생겨난다. 이런 과정을 통해 온라인상으로 인간관계가 형성되기도 하고, 오프라인으로 만남이 확장되기도 한다. 최근에는 블로그를 통해 직장인 수준의 경제적 수입을 올리는 파워블로거도 많은 것으로 알려지고 있다. 실제로 파워블로거는 인터넷에서 막강한 영향력을 행사하고 있다.

결혼 11년차인 주부 문성실 씨가 2004년부터 주부들을 대상으로 요리에 관한 글과 자료, 사진을 올린 블로그를 살펴보면 깜짝 놀랄 만한 영향력을 가지고 있다. 하루 평균 방문자수가 18,000여 명에 달하며 블로그이웃 34,817명, 포스트 스크랩수 1,082,664회, 총 방문자수 1,500만 명을 넘는 어마어마한 수준이다. 이처럼 개인블로그를 잘 운영하면 자신에 대한 홍보는 물론 사업적으로도 큰 도움이 되면서 폭넓은 대인관계를 형성할 수 있는 네트워크의 장이 될 수 있다. 최근에는 블로그 세미나, 블로그 포럼, 블로그 페스티벌 등이 개최되면서 여러 분야의 블로거들이 한 자리에 모이는 일도 많아졌다. 이러한 모임에 참여하면 각계각층의 전문전인 파워블로거들을 한자리에서 만날 수 있다. 아직까지 개인블로그가 없다면 지금 바로 개설하라. 만약 개인블로그를 운영하고 있다면 조금만 더 노력을 기울여 전문블로그로 만들어라. 틀림없이 많은 사람들을 만날 수 있을 것이다. 그것도 어렵다면 전문직 종사자들이 개설한 블로그에 자주 접속하여 인간관계를 맺어라. 인터넷을 찾아보면 의사, 변호사, 기자, 연예인 등이 운영하는 블로그를 쉽게 검색할 수 있다. 특히 기자 블로그는 언론사 홈페이지에 많은데, 내실 있게 운영하는 사람이 많지는 않지만 잘만 찾으면 보물창고 같은 블로거도 발견할 수 있다. 전문가들이 운영하는 블로그에 방문하여 인간관계를 맺어라.

:: 미니홈피

미니홈피를 개설하면 다른 사람들과 쉽게 연결될 수 있다. 검색을 통해서 다른 사람과 1촌을 맺을 수 있고, 파도타기를 통해서 많은 사람들과 네트워킹될 수도 있다. 2007년, 언론기사에 소개된 자료에 의하면 우리나라에서 가장 많은 1촌을 맺은 연예인은 무려 164,860명과 연결되어 있고, 일반인 중에서는 14,958명의 1촌을 보유한 사람이 최고 기록이었다. 이처럼 미니홈피를 적극적으로 활용하면 많은 사람들과의 만남이 가능해진다. 인터넷에서 사람들을 만나고 싶다면 미니홈피를 개설하라. 직접 운영하는 것이 어렵다면 다른 사람의 미니홈피를 방문하여 코드가 맞는 사람과 1촌 맺기를 시도해 보라.

:: 메신저

메신저를 활용하는 것도 좋은 방법이다. 처음 만난 사람과도 메신저를 통하면 지속적인 관계를 유지할 수 있다. 또 새로운 사람들에게 연결하기 요청을 통해 만남을 확장할 수 있다. 2005년에 모 일간지에 실렸던 기사에 의하면 한남대에 재학 중인 백진경 학생은 무려 1,146명의 대화상대가 메신저에 등록되어 있다고 한다. 메신저는 실시간으로 커뮤니케이션이 가능하기 때문에 만남뿐만이 아니라 친밀한 관계를 형성하는 매우 유용한 도구다. 현재 통용되는 메신저는 매우 많은 종류가 있는데, 자신에게 맞는 것을 골라 가입하면 된다. 반드시 하나만 사용할 필요는 없고 2~3개 정도 활용하는 것이 편리하다. 우리나라에서 가장 인기 있는 메신저는 버디버디로 주로 학생층에서 많이 사용한다. 그 다음은 MSN인데 윈도우나 아웃룩을 쓰는 사람들이 대부분 함께 사용한다. 네이트온은 인터넷을 통해 실시간으로 파일을 주고받는 데 편리하다.

:: 채팅 사이트

새로운 사람을 만나기 위한 방법으로 채팅 사이트를 활용하는 것도 가능하다. 실제로 이성 친구를 만나기 위한 가장 대표적인 방법이 채팅 사이트를 이용하는 것이다. 뿐만 아니라 내가 사는 지역의 또래들을 만나거나, 같은 취미를 지닌 사람들, 간단한 술 번개 등 모든 종류의 만남에 채팅 사이트가 이용된다. 인터넷을 통해 다른 사람과 대화를 나누는 것을 좋아한다면 채팅 사이트를 적극적으로 활용하라. 다만 채팅 사이트 중에는 불법, 음란, 유료 사이트도 많기 때문에 회원으로 가입하기 전에 꼼꼼히 확인하고 이용해야 한다.

:: 인맥관리 사이트

인맥관리 사이트는 말 그대로 인터넷 상에서 좋은 인맥을 형성할 수 있도록 만남과 교류의 장을 마련해 놓은 공간이다. 운영하는 회사의 콘셉트와 타깃에 따라 매우 다양한 유형의 사이트가 있는데 나에게 적합한 사이트에 가입하여 활동하면 새로운 사람을 많이 만날 수 있다. 한 가지 조심할 점은 인맥관리 사이트는 사업이 안정적이지 못하여 개설된 지 얼마 지나지 않아 폐쇄되는 곳도 많다는 것이다. 그러므로 내가 가지고 있는 DB를 등록할 때 신중하게 판단하여 결정해야 한다. 내가 자주 이용했던 곳은 '링크나우' 라는 사이트인데 이곳에는 다른 사람들에게 일촌 맺기를 신청하는 기능이 있다. 회원으로 가입한 사람들의 프로필을 살펴보고 쪽지를 보내면 상대방의 승인여부에 따라 일촌으로 연결될 수 있다.

인터넷에서 만나라

유형		인터넷에서 어떻게 활동할 것인가?
커뮤니티	다음	
	네이버	
	세리포럼	
	기타	
블로그	다음	
	네이버	
	기타	
미니홈피		
메신저		
채팅		
인맥관리 사이트		

10. 직접 불러 모아라

새로운 인맥을 만나기 위해 내가 직접 찾아다니는 것도 좋지만 사람들을 내 주변으로 불러 모을 수 있다면 더욱 편리하고 효율적일 것이다. 여러 가지 이벤트나 프로젝트를 통해 사람들을 모으는 방법에 대해 알아보고 자신만의 노하우를 개발해 보자.

:: 인터넷 커뮤니티

인터넷 커뮤니티를 개설하면 많은 사람들을 손쉽게 만날 수 있다. 물론 대부분 사람은 온라인상의 만남으로 그치지만 모임이나 행사를 개최하면 오프라인에서도 실제 만남이 가능해진다.

나는 지난 2001년에 '성포동 주민 모임'을, 2002년에는 '부동산 개발 프로젝트'를, 2004년에 '교육의 모든 것'이라는 다음 카페 커뮤니티를 만들어 운영해 왔다. 단순하게 3개의 커뮤니티 가입자 수만 합해도 25,000명이 넘으며, 그동안 누적회원 및 방문자수로 따지면 수십만 명에 이를 것이다. 즉, 나는 3개의 인터넷 커뮤니티를 통해서만 수십만 명이 넘는 사람들과 만남을 가졌다는 뜻이 된다. 이처럼 온라인에서 커뮤니티를 개설하여 운영하면 많은 사람들을 만나는 것이 가능해 진다. 특히 온라인은 시간과 공간의 제약이 없기 때문에 지구상에 있는 어떤 사람도 만날 수 있으며, 동시에 수많은 사람들을 만나는 것도 가능하다. 따라서 이러한 강점을 최대한 활용할 수 있도록 온라인커뮤니티를 직접 만들어서 운영하는 것이 바람직하다. 온라인 커뮤니티는 크게 정보, 인맥, 즐거움을 목적으로 가입하게 된다. 본인은 어떤 분야나 주제에서 온라인 커뮤니티를 운영할 수 있는지 생각해 보고 직접 개설하라.

∷ 만찬/ 파티

만찬이나 파티를 주관하여 사람들을 초대하는 것도 좋은 방법이다. 광고기획사를 운영하는 P대표는 매월 1회 집으로 지인들과 새롭게 알게 된 사람들을 초대한다. 인테리어 업체를 운영하는 K대표는 호텔에서 조찬모임을 열어 10여 명 내외의 사람들을 초청한다. 문화이벤트마케팅사를 운영하는 K는 수시로 가든파티를 개최하여 사람들을 불러 모은다. 나의 경우는 매월 1회 '각계인사교류 모임'을 개최하여 사회에서 새롭게 알게 된 사람들을 초대한다. 만찬, 파티를 너무 고급스럽게만 생각하지 말고 내가 주관할 수 있는 범위에서 작은 행사부터 추진해 보라. 생맥주 파티도 좋고, 와인 번개, 삼겹살 번개도 좋을 것이다.

∷ 스터디 모임

내가 일하고 있는 분야나 관심 있는 주제에 대해 스터디 모임을 결성하는 것도 새로운 사람들을 불러 모을 수 있는 좋은 방법이다. 처음에는 내가 알고 있는 사람들을 중심으로 모임을 시작하고, 차차 새로운 사람들을 가입시켜 나가면 된다. 또는 처음부터 창립회원을 모집하여 스터디를 시작할 수도 있다.

나는 다음 카페 '교육의 모든 것'을 개설하였을 때는 '인맥관리스터디 모임'을, 강사활동을 처음 시작했을 무렵에는 '남부스터디 모임'을 결성하였고, 최근에는 '푸른 고래 스터디 모임'을 결성하여 운영 중이다. 격주로 1회씩, 평일 저녁에 정기모임을 갖고 성공학, 리더십, 커뮤니케이션, 인맥관리, 이미지메이킹, 시간 관리 등 자기계발에 관련된 주제에 대해 초청특강 및 자체토론을 진행하고 있다. 최근에는 '푸른 고래 독서토론회'를 결성하기 위해 준비 중이다. 독서토론회는 매월 1회 책을 출간한 저자를 초청하여 특강을 듣고 질의응답 및 자체 토론을 진행하는 모임으로 기획하고 있다. 스터디 모임이나 독서토론회는 일이나 업무, 비즈니스에 관련되어 만들 수도 있고, 어학이나 독서, 역사 등 관심 있는 주제에 대해 만들수도 있다. 내가 만들 수 있는 스터디 모임, 독서토론회는 어떤 것이 있는지 고민해 보고 실제로 모임을 추진하라.

:: 교육/ 강연

교육행사나 강연회를 개최하면 동시에 많은 사람들을 불러 모을 수 있다. 그러나 기획과 준비, 운영과정에서 적지 않은 시간과 돈, 노력이 필요한 일이기 때문에 신중하게 접근해야 한다. 나는 다음 카페 〈교육의 모든것〉을 운영하며 인맥페스티벌, HNI아카데미를 통해 연간 50회 이상의 교육행사를 개최해 왔다. 이 과정에서 사회의 저명인사들을 강사로 초빙하여 인간관계를 맺었고, 행사에 참여한 수많은 교육생들과 광범위한 만남이 이루어졌다.

최근에 나는 푸른 고래 멘토 클럽의 이호성 멘티에게 한국기업교육협회교육장을 활용하여 교육행사를 기획, 운영해 볼 것을 제안하였다. 이호성 멘티는 오랜 직장생활과 개인사업 끝에 현재는 뉴스킨이라는 회사의 네트워크사업에 종사하고 있다. 본인이 교육행사를 개최하게 된다면 사업에 도움을 주거나 함께 사업을 할 수 있는 사람들을 자연스럽게 만날 수 있을 것이다. 나는 어떻게 교육행사를 개최할 수 있는지 고민해 보고 실제로 추진해 보라. 만약 혼자 힘으로 행사를 개최하는 것이 어렵다면 온라인커뮤니티에 가입하여 운영진에 참여한 후 교육행사를 추진하는 것도 좋은 방법이다. 얼마 전 진보신당의 심상정 전 국회의원이 일산에서 마을학교를 개설하였다는 신문기사를 본 적이 있는데 역시 사람들을 불러 모으는 동일한 방법이다.

:: 설명회/ 간담회

사업설명회, 투자설명회, 제품설명회, 상품설명회, 사용설명회, 시사회, 시승회, 간담회, 토론회 등을 개최하는 것도 매우 좋은 방법이다. 보험영업에서 가장 많이 하는 영업방법 중 하나가 보험상품설명회다. 증권회사에서는 투자설명회를, 부동산개발회사에서는 부동산투자설명회를, 지방자치단체에서도 투자유치설명회를 개최한다. 교육기관에서는 기업이나 단체의 교육담당자를 대상으로 자체적으로 개발한 교육프로그램 설명회를 개최하기도 하고, 영화제작사에서는 개봉을 앞두고 시사회를 개최한다. 얼마 전 자동차업계에서는 신형승용차 시승회를 대대적으로 가졌던 적이 있는데 이 역시 사람들을 불러 모으는 방법이다. 내가 개최할 수 있는 행사에는 어떤 것이 있는지 생각하고 직접 추진하라.

:: 비즈니스 모임

비즈니스를 매개로 모임을 결성하거나 비즈니스 활동을 추진하면 새로운 사람을 많이 만날 수 있다. 2006년에 나는 강남지역 직장인을 대상으로 비즈니스점심 모임을 결성하였다. 격주마다 점심시간을 이용하여 모임을 개최하였는데 1시간 정도에 걸쳐 식사, 명함교환, 자기소개, 정보교류

순서로 행사를 진행하였다. 지금까지 60회가 넘는 동안 비즈니스점심 모임을 통해서 많은 사람들을 만났고 좋은 인맥을 형성할 수 있었다. 이외에도 '이업종교류회', '1억연봉회원모임', '자기책출간모임' 등을 결성했었다. 적이 있다. 앞으로 적정한 시기가 되면 '인맥관리사이트구축모임' 을 만들어서 인맥관리에 관련된 사이트를 만드는 프로젝트를 함께 추진해 볼 생각이다. 나는 어떤 비즈니스 모임을 만들 수 있는지 생각해 보고 직접 만들어 보라.

:: 취미 모임

취미 활동을 하거나 취미 모임 결성을 통해서 사람들을 불러 모을 수 있다. 내가 좋아하거나 관심 있는 취미를 함께 할 수 있는 사람들을 모임으로 만들거나 아니면 취미행사를 주관하는 것이다. 얼마 전에 나는 '푸른 고래 문화 모임' 을 결성하였는데 함께 영화나 연극을 보러 다니는 모임이다. 며칠 전에도 회원들과 함께 '라이어' 라는 연극을 관람하였다. 최근에는 '푸른 고래 여행 모임' 을 만들었는데 매월 1회 정기여행을 다니는 것을 목적으로 하고 있다. 나는 며칠 전에 만난 푸른 고래 멘토 클럽의 이종진 멘티에게 '푸른 고래 스포츠 모임' 을 결성해 볼 것을 제안하였다. 이종진 멘티는 몇 년 전에 스포츠마케팅회사를 운영하다가 지금은 GM대우자동차의 영업사원으로 일하고 있다. 만약 스포츠모임이 결성되면 창립행사로 프로농구를 관람할 예정인데, 역시 새로운 사람을 만나게 될 것이다. 나는 어떤 취미 모임을 만들 수 있는지 고민해 보고, 직접 모임결성이나 행사를 추진하라.

:: 봉사 모임

봉사활동을 함께 하거나 봉사 모임을 만드는 것도 사람들을 불러 모을 수 있는 방법이다. 지금까지 나는 '불우이웃돕기 일일찻집'을 3번 개최하였고, '소아암 어린이 돕기 세미나'를 개최한 적이 있다. 최근에는 무료강의 봉사를 해 줄 수 있는 사람들로 '푸른 고래 교육봉사단'을 결성하고 있다. 이런 활동을 전개하다 보면 새로운 사람들을 많이 만나게 된다. 내가 할 수 있는 봉사활동은 어떤 것이 있는지, 또 어떻게 하면 봉사 모임을 결성할 수 있는지 생각해 보고 직접 추진하라. 바자회, 벼룩시장을 여는 것도 좋은 방법이다.

:: 후원 모임

특정한 후원활동을 함께 하거나 후원 모임을 만들면 자연스럽게 많은 사람들을 만날 수 있다. 지난 2006년, 나는 주변 사람들과 함께 〈청경장학회〉를 만들어 경제사정이 어려운 대학생들에게 장학금을 주고 있다. 지금까지 14기가 선발되었으며 현재 15기를 모집 중이다. 청경장학회 활동을 통해 장학생으로 선발된 대학생들과의 만남, 청경장학회에 가입한 회원들과의 만남, 기타 장학생 선발과 관련된 다양한 사람들과의 만남이 지속적으로 이루어지고 있다.

:: 연고 모임

내가 연고를 가지고 있는 사람들을 대상으로 모임을 만들거나 정기적인 활동을 벌여나가는 것도 좋은 방법이다. 가장 먼저 내가 사는 지역이나 근무하는 직장에서 동문모임, 지역 모임을 결성할 수도 있고 가까운 일가친척들을 대상으로 집안모임을 만들어도 된다.

지난 2007년에 나는 풍생고등학교 안산동문회 총무로 활동했었다. 이 모임은 안산경찰서에 근무하는 J선배가 2000년 초에 경기도지역에서 공무원으로 근무하고 있는 동문들의 만남을 주선한 것이 계기가 되었다. 나는 다음 카페 '교육의 모든 것'에 '안산지역회원모임'을 결성하여 모임을 가졌던 적이 있다. 최근에도 길에 향우회를 결성하기 위해 동향사람들을 찾는다는 내용의 현수막이 있는데 모두 같은 맥락으로 이해할 수 있다. 내 주변에서 나와 같은 연고를 가지고 있는 사람들을 생각해 보고 연고 모임을 만들어라.

:: 단체/ 협회

대표성 있는 단체나 협회를 설립하는 것도 새로운 인맥들을 불러 모을 수 있는 좋은 방법이다. 2008년 1월, 나는 뜻있는 몇몇 사람들과 함께 '한국기업교육협회'를 창립하였다. 그리고 '한국기업교육협회' 임원 영입과 회원 가입을 통해 강사, 컨설팅업체 직원, 기업교육담당자 등 다양한 분야의 사람들과 새로운 만남을 갖게 되었다. 앞으로 기회가 된다면 '인맥관리 비즈니스협회'를 결성해 볼 생각을 가지고 있다. 그렇게 된다면 인맥관리에 관련된 여러 분야의 사람들과 새로운 만남이 생겨날 것이다. 나는 어떤 단체나 협회를 설립할 수 있는지 생각해 보고 직접 추진해 보라. 지금 곧바로 실천하는 것이 어렵다고 포기하지 말고, 장기적인 관점에서 계획을 세워 보라. 혼자 하는 것이 어렵다면 다른 사람들과 함께 힘을 모으면 된다.

사회적인 인지도나 대중적인 인기가 있다면 팬클럽을 결성하는 것도 유용한 방법이다. 열성팬의 도움을 받아 팬클럽을 결성한 후 지속적인 홍보와 회원모집을 전개하면 새로운 인맥을 많이 만날 수 있다. 2008년 8월에 나는 푸른 고래 팬클럽을 결성하였다. 아직 7회밖에 팬클럽 모임을 갖지 못했지만 벌써부터 새로운 사람을 가장 많이 만나는 행사가 되었다. 앞으로 내 꿈 중 하나는 푸른 고래 팬클럽 회원을 10만 명 이상으로 만드는 것이니 이를 통해서 수많은 사람들을 만나게 되리라 확신한다. 나는 어떻게 하면 팬클럽을 만들 수 있을지 생각해 보고 실제로 추진해 보라. 오늘 당장 팬클럽을 만들 상황이 안 된다면 미래에 반드시 만들겠다는 결심과 목표를 세워라. 꿈꾸는 자만이 꿈을 이룬다.

:: 기타 모임

지금까지 살아오면서 내가 만들었거나 추진했던 모임, 행사에는 다음과 같은 것들이 있다.

– 현재 운영 중인 모임/ 행사

10대모임, 2030모임, 4080모임, 대학생모임, 직장인모임, 여성회원모임, 토끼띠모임, 여행등산모임, 영화공연모임, 인맥페스티벌, HNI아카데미, HNI포럼, 청경장학회, 푸른 고래 팬클럽, 푸른 고래 멘티 클럽, 푸른 고래 교육봉사단, 푸른 고래 여행모임, 푸른 고래 스터디 모임, 푸른 고래 독서토론회, 푸른 고래 점심 모임, 각계인사교류 모임, 남부스터디 모임, 한국기업교육협회

-중단된 모임/ 행사

영어스터디, 일본어스터디, 중국어스터디, 레저&스포츠모임, 골프동호회, 이업종교류회, 조찬포럼, 석찬포럼, 투자&재테크모임, 정치를 바꾸고 싶은 사람들, 양광모들의 모임

-앞으로 계획 중인 모임/ 행사

푸른 고래 문화 클럽, 푸른 고래 조찬포럼, 푸른 고래 CEO과정, 청경후원회, 청경봉사회, 청경상조회, 푸른 고래 1,000인회, 푸른 고래 10,000인회, 푸른 고래 비즈니스페스티벌, 한국인맥관리연구회

'정치를 바꾸고 싶은 사람들' 은 2007년 대선을 지켜보며 우리나라 정치를 바꿔보고 싶다는 생각으로 만들었는데, 아쉽게도 6개월 후에 모임을 중단하였다. '양광모들의 모임' 은 다음 카페에 만든 모임인데 나와 같은 이름을 가진 사람들에게 이메일을 보내 가입을 권유하였다. 한때 127명까지 회원이 늘었으나 1년 후에 개인사정으로 카페를 폐쇄했는데 지금 생각해 보면 중단한 것이 매우 아쉽다. 최근에는 '푸른 고래 100인회' 라는 모임을 설립하였는데 100명의 회원이 멤버십을 가지고 일종의 두레, 품앗이처럼 운영되는 비즈니스후원 모임이다. 매달 100명의 회원 중에서 3~5명을 선정하여 전체 회원이 실제로 후원에 참여하는 것을 목표로 만들었다. 2008년 11월 18일 창립모임을 갖고, 활발한 활동을 전개해 나가고 있다. 이와는 별도로 '푸른 고래 1,000인회' 를 결성 중인데 이는 비즈니스 사교 모임이다. 매월 200~300명의 회원들이 평일 저녁에 한 자리에 모여 실제적인 비즈니스 미팅과 인적 교류를 나누는 행사로 기획하고 있다. 2009년

1월에 푸른 고래 1,000인회 회원들이 참여하는 '제1회 비즈니스페스티벌' 창립행사를 가질 예정이다. 2009년 하반기 이후에는 '푸른 고래 10,000 인회'를 만들 계획이다. 10,000명의 사람들이 멤버십을 갖고 다양한 이벤트와 프로젝트를 함께 추진해 나간다면 강력한 힘을 발휘하게 될 것이다.

지금까지 지나온 시간들을 생각해 보면 참으로 많은 모임을 만들었고 여러 가지 다양한 행사와 활동을 추진해 왔다. 그중에는 매우 성공적인 모임이나 행사도 있었고 만든지 얼마 지나지 않아 없어진 모임이나 행사도 많았다. 중요한 것은 끈기요, 지속적인 노력이다. 하루아침에 모든 것이 이루어지기를 바라지 말고 꾸준하게 다양한 모임, 행사, 활동을 추진해 나가라. 천리길도 한 걸음부터라고 했다. 지금 당장 내가 만들 수 있는 모임, 행사, 활동을 생각해 보고 실제로 추진하라.

직접 불러 모아라

유형	어떻게 이벤트와 프로젝트를 추진할 것인가?
인터넷 커뮤니티	
만찬, 파티	
스터디 모임	
교육/ 강연	
설명회/ 간담회	
비즈니스 모임	
취미 모임	
봉사 모임	
후원 모임	
연고 모임	
단체/ 협회	
팬클럽	
기타 모임/ 활동	

11. 지역에서 만나라

내가 살고 있거나 활동하고 있는 지역에서도 새로운 사람들을 많이 만날 수 있다. 지역선거에 출마하려는 정치인이나, 지역에 연고한 비즈니스를 하는 경우에는 다음과 같은 방법들을 활용하라.

:: 입주자대표회

모든 아파트단지에는 입주자대표회가 구성되어 있다. 아파트 소유자면서 실제로 거주하고 있다면 입주자대표회에 동대표나 감사 등의 임원으로 출마하는 것도 가능하다. 평상시에 이웃들과 좋은 관계를 유지하고 아파트단지 내에서 발생하는 일에 관심을 기울이는 것이 중요하다.

:: 주민자치위원회

행정구역으로 동단위마다 주민자치센터가 있으며 여기서 주민자치위원회를 구성하여 운영한다. 주민자치위원회는 20~30명의 지역주민, 통반장, 시민단체간부, 기초의원, 지역유지 등이 참여하기 때문에 주민자치위원회로 선발되면 지역의 리더들과 네트워크를 형성할 수 있다.

:: 학교운영위원회

모든 초, 중, 고등학교에는 학교운영위원회가 구성되어 운영된다. 학교운영위원은 교사위원, 학부모위원, 공익위원으로 구성되는데 학부모위원은 학부모회의에서 투표를 거쳐 선출된다. 학교운영위원회는 매월 1회 정기모임을 갖고, 학교 운영에 관한 전반적인 사항을 심의, 의결한다. 학교 운영위원회에 참여하면 지역에서 새로운 사람을 만나고 인적 네트워크를 확장할 수 있다.

:: 학부모 단체

학교에는 학교운영위원회 외에도 여러 종류의 단체나 모임이 있다. 가장 대표적인 것으로는 학부모회와 교통지도봉사활동을 주로 하는 녹색어머니회가 있다. 그리고 해양소년단, 우주소년단원들의 학부모로 구성되는 운영위원회가 있고, 개별적으로 사서나 급식도우미 봉사활동을 지원하거나 방과후학교 강사를 지원할 수도 있다. 이런 활동을 통해서 지역 내의 학부모들과 인적 네트워크를 넓혀나갈 수 있다.

:: 자율방범대

지역에 따라 자율방범대, 새마을교통봉사대 같은 모임이 결성되어 있는 곳도 많다. 자율방범대는 자발적인 주민 참여로 야간방범순찰, 교통편의 제공 등 다양한 봉사활동을 전개한다. 새마을교통봉사대는 교통지도 및 교통정리 활동을 한다. 자율방범대, 기동봉사대, 새마을교통봉사대에 가입하면 봉사활동과 함께 지역주민들을 많이 만날 수 있다.

:: 반상회

지역에 따라서 편차가 있지만 정기적으로 반상회를 개최하는 곳도 있다. 특히 대규모 아파트단지에서는 반상회가 활성화되어 있는 곳을 많이 찾아볼 수 있다. 거주하는 지역에서 반상회가 개최되고 있다면 적극적으로 참여하라.

아파트단지 내에는 여성들의 모임으로 부녀회가 결성되어 있는 곳이 많다. 부녀회는 입주자대표회와는 별도로 자체적으로 움직인다. 부녀회마다 활동사항이 다르지만 대부분 아파트단지 내 상행위나 게시판 광고물 부착에 관련된 일을 주관하기도 하고 분리수거, 어버이날 효도잔치 등 다양한 활동을 전개한다. 뜻이 있는 사람들은 부녀회에 참여하는 것도 새로운 사람들을 만날 수 있는 방법이다.

:: 통반장

내가 사는 지역에서 통장, 반장으로 활동하는 것도 좋은 방법이다. 지역 주민들과 친분을 형성할 수 있고, 다른 지역의 통반장, 주민센터나 구청, 시청의 관계자들과도 자연스럽게 만날 수 있다.

:: 상가번영회

상가건물, 재래시장, 지역상권을 중심으로 상가번영회가 결성되어 있는 곳이 많다. 지역에서 원만하게 상행위를 하려면 상가번영회에 가입하는 것이 기본이다. 상가번영회의 회의, 모임, 단체행사, 야유회 등을 통해 다른 상인, 업체사람들을 만날 수 있다.

:: 단골

지역 내에서 단골이나 거래처를 통해 새로운 만남을 많이 만들 수 있다. 남성의 경우라면 이발소, 여성의 경우라면 미용실이 가장 대표적인 경우에 해당한다. 그 외에도 부동산중개업소, 식당, 호프집, 안경점, 비디오 대여점 등을 통해 지역주민들을 많이 접촉할 수 있다.

:: 취미 모임

지역에는 다양한 분야의 취미 모임이 결성되어 있다. 전국적으로 가장 많이 결성되어 있는 것은 산악회 모임이다. 규모가 큰 등산 모임은 동시에 수백 명의 주민이 산행을 가기도 한다. 그 다음으로 많은 모임이 조기축구회다. 이외에도 지역 모임이 많은데 그중에서 내가 관심 있는 모임을 찾아 가입하면 여러 사람들을 만날 수 있다.

:: 지역 단체

지역 내에 결성되어 있는 여러 분야의 단체에 가입하면 새로운 사람을 많이 만날 수 있다. 일반적으로 가장 많이 찾아볼 수 있는 단체는 지역경제단체, 지역동문회, 지역향우회, 지역정당, 지역 시민단체, 지역 봉사단체, 로타리, 라이온스 클럽 등이 있다.

:: 지역 활동

지역마다 1~2가지 이상의 현안과제를 안고 있다. 이런 문제의 해결에 적극적으로 참여하면 새로운 사람들을 많이 만날 수 있다. 예를 들어 환경문제, 지방자치단체의 예산낭비감시, 기초의원들의 의정활동 모니터링, 아파트재개발문제, 고교평준화 문제, 외국인노동자 문제, 지하철 노선 연장 문제 등 다양한 현안이 있을 때 추진위원회나 대책위원회 활동에 참여하면 새로운 사람들을 많이 만날 수 있다.

:: 봉사 활동

특정한 분야에 전문성을 가지고 있거나 시간적 여력이 있으면 지역을 위한 봉사활동을 전개하는 것이 새로운 사람을 많이 만날 수 있는 방법이다. 예를 들어 법률, 세무, 노무에 관한 무료상담을 하거나 결손가정어린이를 대상으로 무료과외지도를 해 주거나, 독거노인을 대상으로 간병활동을 하거나, 경로당·노인복지회관 등을 방문하여 봉사활동을 펼칠 수도 있다. 나는 2009년부터 안산시에서 '인간관계와 자녀교육' 이라는 주제로 무료강의를 생각하고 있는데 지역주민들을 많이 만날 수 있는 기회로 생각하고 있다. 내가 사는 지역을 위해 어떤 봉사활동을 실천할 수 있는지 생각해 보라.

:: 지역행사

지역에서는 연중 다양한 지역행사가 개최된다. 큰 규모로는 지역축제, 영화제, 미술제, 전시회 같은 행사가 열리기도 하고 작은 규모로는 태권도, 피아노를 비롯하여 각종 학원에서 학부모를 초청하여 발표회를 갖기도 한다. 또는 초등학교에서 열리는 운동회, 주민자치센터나 부녀회에서 개최하는 대보름맞이 잔치, 효도잔치 등의 행사가 개최되기도 한다. 최근에 내가 살고 있는 동네에서는 아파트 단지별로 친선배구대회가 열리기도 하였다. 이런 행사에 참여하면 새로운 사람들을 많이 만날 수 있다. 아울러 이런 행사에 운영위원이나 자원봉사자로 활동하는 것도 좋은 방법이다.

:: 자문위원

지역 내에 있는 각종 기관, 단체에서 자문위원을 맡는 것도 새로운 인맥을 형성할 수 있는 좋은 방법이다. 시청, 구청, 경찰서, 보건소를 비롯하여 관공서에서는 시민과 전문가들로 구성된 자문위원단을 구성하여 운영하는 곳이 많다. 우리 지역에서는 어떤 기관에서 자문위원단을 운영하는지 알아보고 적극적으로 참여하라.

:: 편집위원

지역의 언론이나 방송에서는 대부분 편집위원회를 구성하여 운영한다. 지역신문, 지역방송, 지역에서 발행하는 잡지 등 편집위원회가 결성되어 있는 곳을 찾아 참여하라.

:: 포럼

지역에서 운영하는 포럼모임에 가입하는 것도 좋은 방법이다. 내가 사는 안산에는 '안산포럼', '통일포럼' 등의 조찬 모임이 열리는데 이런 행사에 참석하면 다양한 지역의 활동가들을 만날 수 있다.

:: 일반 강좌

지역 내에서 개최하는 교육행사에 참여하면 새로운 사람을 만날 수 있다. 주민자치센터나 기초, 광역단체에서 주관하는 교육행사에서부터 지역신문, 지역 상공회의소, 지역소재 대학, 여성회관, 도서관, 할인마트, 문화센터, 사설문화센터 등에서 개최하는 많은 교육행사가 있다. 이런 교육에 참여하면 새로운 사람들을 많이 만날 수 있다.

: : 전문교육과정

지역 내에 개설된 특별교육과정에 참여하면 좋은 인맥을 많이 만날 수 있다. 일반적으로 대학교에 개설된 최고경영자과정이나 사설교육기관의 교육과정에 등록하면 된다. 내가 사는 안산의 경우를 보면 안산공과대학에서 개설된 AMP과정은 지역에서 활동하는 리더들이 반드시 참여해야만 하는 코스로 인식되고 있으며, 크리스토퍼리더십과정은 전국에서 가장 활성화된 교육과정으로 인정받고 있다.

: : 인터넷 지역 모임

지역에 기반을 둔 인터넷 모임도 새로운 인맥을 만들 수 있는 방법이다. 2000년에 나는 〈안사모(안산을 사랑하는 모임)〉에 가입하여 활동하였는데 많은 사람을 만날 수 있었고, 특히 좋은 동생들도 알게 되는 행운을 얻었다. 2001년에는 직접 다음 카페 '성포동주민 모임'을 만들어서 여러 가지 다양한 모임과 행사를 주관하였다. 내가 살고 있는 지역에 어떤 인터넷 모임이 만들어져 있는지 찾아서 가입하라.

: : 이웃사촌

이웃사촌이라는 말이 있듯이 먼 곳에 사는 친척보다는 옆집에 사는 이웃이 훨씬 더 도움이 되고 인간적인 교류도 많기 마련이다. 새로운 인맥을 만나려고 먼 곳에 있는 사람만 찾아다니지 말고 가장 먼저 옆집에 사는 사람들부터 인간관계를 맺어라. 옆집에 사는 사람과 아직 인사를 나누지 않은 사람이 있다면 지금 찾아가서 만나라. 인간관계는 등잔 밑부터 챙기는 것이 중요하다.

적극적인 관점에서는 이사를 가는 것도 생각해 볼 수 있는 방법이다. 맹모삼천도 결국 따지고 보면 자녀에게 좋은 사람들을 많이 만날 수 있도록 하려는 노력이다. 최근에 만난 L사장은 상류층을 많이 만날 수 있을 것같다며 도곡동 타워팰리스로 이사할 계획이라고 했다. 이 정도까지는 아니더라도 내가 사는 곳의 이웃사촌들과 좋은 만남을 나눠라.

지역에서 만나라	
유형	어떻게 활동할 것인가?
입주자대표회	
주민자치위원회	
학교운영위원회	
학부모 단체	
자율방범대	
반상회	
부녀회	
통반장	

상가번영회	
단골	
취미 모임	
지역 단체	
지역 활동	
봉사 활동	
지역행사	
자문위원	
편집위원	
포럼	
일반 강좌	
전문교육과정	
인터넷 지역 모임	
이웃사촌	

12. 전문적인 활동을 하라

새로운 사람을 많이 만날 수 있는 방법 중 하나는 전문적인 활동을 펼쳐 나가는 것이다. 잘 알고 있거나 관심 있는 분야에서 강의, 저술, 상담활동을 하면 자연스럽게 많은 사람들과 접촉할 수 있다. 나는 2005년 9월에 처음으로 인맥관리에 관련된 강의활동을 시작하였다. 그 이후로 지금까지 매년 250여 회의 강의를 출강하며 다양한 사람들을 만날 수 있었다. 또한 2007년에 첫 번째 책 『인간관계 맥을 짚어라』를 출간한 이후 지금까지 6권의 책을 쓰면서 여러 분야의 사람들과 온라인, 오프라인에 걸쳐서 더욱 많은 만남이 이뤄졌다. 전문적인 활동이라고 해서 대단하게 생각할 필요는 없다. 내가 관심 있는 일에서부터 출발하면 된다.

:: 강의

강의는 많은 사람들과 대면접촉을 할 수 있는 가장 좋은 방법이다. 최근에는 전문직 종사자들도 강의에 뛰어드는 일이 많아졌다. 변호사, 세무사를 비롯하여 보험, 금융회사의 직원이나 영업사원들이 재테크, 자산관리 등에 대해 강의를 하는 모습을 많이 보게 된다. 모두 자신을 홍보하면서 신규 고객을 창출하는 유용한 방법이다. 강의만 주업으로 하는 전문 강사에 관심이 있는 사람은 도전해 볼 만한 일이다. 강의를 통해 나는 많은 사람들을 만날 수 있었고, 또한 각계각층의 저명인사들과도 친분을 형성할 수 있었다. 국내 굴지의 대기업 CEO들은 물론 정부의 고위 공무원, 언론방송인, 문화예술인 등 다양한 사람들을 만날 수 있었다. 모두 강의라는 전문활동을 하지 않았다면 그들을 만나는 일은 불가능했을 것이다.

:: 칼럼

관심 있는 주제에 대해 글을 쓰는 것도 좋은 방법이다. 처음에는 커뮤니티 게시판이나 개인 블로그에 올리는 정도로 시작해서 어느 정도 역량이 쌓이면 신문이나 방송, 잡지매체에 칼럼을 기고하면 된다. 자신의 업무와 관련된 칼럼을 쓰면 전문성을 인정받을 수 있고, 글을 통해 독자들과의 만날 수도 있다. 글을 잘 쓰지 못한다고 걱정하거나 포기하지 마라. 글솜씨라는 것은 오로지 연습과 반복에 달려 있다. 실제로 나의 경우를 보면 첫 번째 책을 출간하고 나서도 6개월 동안은 A4용지 1장 분량의 칼럼을 쓰는 데 6시간 이상이 소요되었다. 그러나 1년이 지날 무렵부터는 1시간 정도면 충분히 마감할 수 있었다. 내가 6권의 책을 출간하니까 국문학과를 졸업했기 때문이라고 생각하는 사람이 많은데 그야말로 천만의 말씀이다. 대학교 1학년 때를 제외하고는 20년이 넘도록 일기조차 써 본 적이 없다. 하늘이 내린 타고난 문장가도 있겠지만 대부분 글쓰기는 연습과 반복, 그리고 훈련이다. 누구든 하루에 1시간씩만 꾸준하게 연습하면 1년 안에 명필은 못되더라도 달필은 될 수 있다. 글재주가 없다고 포기하지 말고 1년을 목표로 글쓰기를 시작하라.

:: 출판

평소에 기고한 칼럼을 모아서 책을 내거나 처음부터 출판을 목표로 글을 써서 책을 출간할 수 있다. 책을 출간하면 독자층이 두터워지며 새로운 만남이 생기고 또한 강의요청이 들어오기 시작한다. 당연히 많은 사람들을 만날 수 있는 기회가 주어진다. 동시에 출판사 관계자 인맥과 언론방송 인맥이 형성되기도 한다. 나의 경우를 보면 책을 출간하기 위해 출판사를 알아보는 과정에서 새로운 인맥이 생겨났고 언론사 인터뷰를 통해 담당기자와 인연을 맺기도 하였다. 또한 라디오나 TV방송에 출연하면서 담당 PD나 방송관계자, 기타 많은 사람들을 새로 만나게 되었다. 책을 출간하지 않았다면 만나기 어려웠을 것이다. 책을 내는 것은 생각보다 어렵지 않다. 최근에는 일반인들에게 책을 출간하는 방법이나 노하우를 알려주는 교육강좌도 많이 이루어지고 있는데 관심 있는 사람들은 인터넷에서 찾아 적극적으로 참여하라.

:: 뉴스레터

정기적으로 이메일 뉴스레터를 발송하는 것도 좋다. 내가 알고 있는 사람들에게 이메일을 보내고 그 사람들이 주변 사람들에게 내가 보내는 뉴스레터를 추천하면 많은 사람들과 관계가 형성될 수 있다. 고도원의 아침 편지도 처음에는 비슷하게 출발하였다. 최초에는 소수의 몇 사람에게만 발송되던 것이 지금은 200만이 넘는 사람에게 매일아침 편지가 전달되고 있다. 이렇게 단순한 뉴스레터 하나로도 수많은 사람들과 접촉할 수 있다는 사실을 명심하고 나만의 노하우를 개발하라. 대부분 포털사이트를 이용하여 뉴스레터를 발송하지만, 조금 더 체계적으로 보낼 사람들은 오즈메일러와 같은 이메일전송지원 사이트를 이용하는 것도 효과적이다.

:: 자문위원/ 운영위원

자문위원이나 운영위원으로 활동하는 것도 새로운 사람을 만나는 방법이 된다. 물론 내가 원해서 되는 것이 아니라 외부기관의 요청이 있어야 가능한 일이지만 주변을 잘 찾아보면 각자가 참여할 수 있는 자리가 존재한다. 나는 한때 신문사 편집자문위원으로 활동했었고, 현재는 지방광역시의 투자유치자문위원으로 위촉되어 있다. 정기적으로 회의가 열리는데 다른 자문위원, 공무원, 기타 참석자들을 새롭게 만날 수 있어 유익하다. 내가 자문위원이나 운영위원으로 활동할 수 있는 단체, 기관을 조사해 보고 접촉을 시도하라. 그 과정을 통해서도 새로운 만남이 이루어질 것이다.

:: 상담

다른 사람들을 상담해 주는 것은 개인적인 보람과 함께 새로운 사람을 만나는 방법이 된다. 사회에서 일어나는 상담에는 매우 다양한 유형이 있다. 전화상담만 하는 곳도 있고, 대면상담을 하는 곳이 있으며, 전문적인 수준의 상담도 있는 반면에 일상적인 대화수준의 상담도 있다. 지금은 개인적인 사정 때문에 중단하였지만 예전에 나는 인맥관리나 인간관계에 대해 상담활동을 벌어왔다. 세상에는 인간관계에서 빚어지는 갈등 때문에 힘들어하는 사람들이 정말 많은데 나는 상담을 통해 해결방안을 들려주었다. 이런 과정에서 여러 사람들을 만날 수 있었고 지금까지도 꾸준하게 인연을 유지해 가는 사람이 적지 않다. 최근에는 '푸른 고래 멘토 클럽'을 만들어서 보다 전문적이고 체계적인 멘토링을 전개해 나가고 있다. 독자 여러분도 자신이 할 수 있는 상담활동에는 무엇이 있는지 생각해 보고 적극 추진하라. 만나는 것이 어려우면 인터넷에서만 상담할 수도 있다. 건강, 여행, 재테크, 자동차, 요리, 취업, 진로, 유학, 이민 등 어떤 주제라도 상관없다. 지금까지 말한 강의, 칼럼, 출판 등 전문적인 활동과 함께 병행한다면 더욱 좋을 것이다.

전문적인 활동을 하라

유형	어떤 활동을 할 것인가?
강의	
칼럼	
출판	
뉴스레터	
자문위원	
상담	

13. 스쳐지나가는 사람을 사로잡아라

세상에는 우연한 만남, 스쳐지나가는 만남이 많이 존재한다. 이런 만남도 가볍게 생각하여 놓치지 말고 평생토록 이어지는 소중한 인연으로 만들 수 있어야 한다. 앞에서도 간단히 언급하였는데, 내가 좋아하는 말 중에 일기일회(一期一會)라는 사자성어가 있다. '평생 단 한 번의 만남, 또는 평생 단 한 번의 만남처럼 생각하고 다른 사람을 대하는 마음'을 의미한다. 다도에서 쓰일 때는 주인이 손님에게 평생 단 한 번 대접하는 것처럼 정성을 다하는 마음가짐을 의미하고, 불가에서 쓰일 때는 스님이 제자들을 평생 단 한 번 가르치는 것이라 생각하며 최선을 다해 지도하는 마음가짐을 의미한다. 어떤 경우든 내가 만나는 상대방을 일기일회의 마음으로 대하는 것이 중요하다.

나는 강의를 전문으로 하는 사람이다. 한 달에 20회 정도 출강하는데 한 번 강의를 나가면 평균 100명 정도의 교육생을 만나게 된다. 한 달이면 2천 명을 만나고, 1년이면 2만4천 명을 새롭게 만나는 셈이다. 정말로 많은 숫자지만 그중에서 다시 인연이 되어 만나는 사람은 1%인 240명도 되지 않는다. 아마 어림짐작으로는 대략 50여 명이 채 안 될 것이다. 얼핏 생각하면 일기일회(一期一會)를 희귀하고 운명적인 만남으로만 생각하기 쉽지만 사회에서 가장 많이 나타나는 만남이 일기일회의 만남이다. 우리가 삶 속에서 만나는 대부분의 사람들은 평생 처음이자 마지막으로 만난다. 따라서 만나는 모든 사람들을 일기일회의 마음으로 대해야 한다. 스쳐지나가는 사람들을 일기일회의 만남으로 정성껏 대할 때 좋은 인연이 만들어진다.

SK텔레콤 노동조합위원장으로 일하던 1993년 어느 여름날 저녁, 여의도에 있는 호프집에서 노동조합 간부들과 함께 생맥주를 마시고 있었다. 한참 분위기가 무르익어 가는데 옆자리에서 떠들썩한 목소리로 정치이야기가 한바탕 벌어지고 있었다. 가만히 듣고 있다 취기가 발동하여 말참견을 하게 되었고 몇 마디 말을 주고받다 마침내 동석까지 하여 술잔을 주고받았다. 대화 끝에 인사를 나눠보니 모 정당의 원내기획실 직원들이었다. 며칠 후, 그 중 한 사람을 다시 만나 오랜 시간에 걸쳐 대화를 나누었고 마침내 호형호제하는 사이로 발전하였다. 세월이 흐른 뒤에 그 분은 서울지역 구청장에 당선되었고, 몇 년 후 구청장 재선거에 출마하였을 때는 나에게 수행비서 역할을 맡기기도 하였다. 지금은 여당의 재선 국회의원으로 차기 서울시장을 목표로 활발하게 움직이고 있다. 술자리에서의 작은 인연이 15년의 세월을 넘나드는 인연으로 발전되어 온 것이다.

불가에서는 스쳐지나가는 만남도 전생에 오랜 인연을 맺어야만 가능하다고 말한다. 좋은 만남을 찾아다니는 노력도 중요하지만 내 곁을 스쳐지나가는 사람들을 무심히 흘려보내지 말고 일기일회의 마음으로 정성껏 대하여 좋은 인연으로 만들어야 한다. 내가 아침부터 저녁까지 스쳐지나가는 사람들을 다시 한 번 생각해 보고 좋은 만남, 큰 인연으로 만들어 보자.

:: 일과 관련되어 만나는 사람들

내가 하는 업무, 사업과 관련하여 만나는 사람들을 단순하게 일적인 관계로만 생각하지 말고 인간적인 관계를 맺을 수 있도록 노력하라. 물론 모든 사람들과 인간관계를 맺는 것은 불가능하고 반드시 그렇게 할 필요도 없다. 기본적으로 만남과 인연을 소중하게 생각하는 마음만 있으면 충분하다. 항상 선연을 구하는 마음을 가지고 있으면 좋은 인연은 찾아오기 마련이다.

2002년 6월 13일, 나는 민주노동당 후보로 지방자치선거에 시의원으로 출마하였다가 낙선을 하게 되었다. 선거에 떨어지고 나니, 모든 사람이 싫어졌다. 선거가 끝나자마자 월악산 송계계곡을 찾아가 커다란 바위에 걸터앉아 흐르는 물에 발을 담그고 며칠을 아무 생각 없이 지냈다. 그러다 절친한 고등학교 친구의 권유에 따라 강남역 인근에 있는 상가분양대행 사무실로 출근을 하였다. 먹고 살기 위해 시작한 일이었으나 모든 것이 막막하였다. 하루에 5명도 찾아오지 않는 분양사무실을 지키자니 종일 오만가지 생각이 머릿속을 떠나지 않았다.

그렇게 한 달여가 지나간 어느 날, 점심시간 무렵이었다. 갑자기 40대 중반 남자가 사무실 문을 열고 들어오더니 "인근식당에서 식사를 하고 올 테니 조금 후에 상가분양에 대해 설명해 줄 수 있겠느냐?"라고 말하였다. 평범한 캐주얼 차림에 그다지 진지해 보이지 않는 말투라서 나는 별다른 기대감 없이 무심하게 알았노라고 대답하였다. 1시간여가 지난 후 그는 약속대로 사무실로 돌아왔고 자신이 500평 규모로 학원용도의 사무실을 찾아보는 중이라고 말하였다. 내가 분양중인 상가에 대한 설명을 마치자 그는 분양가격을 조정할 수 있는지 알아봐 달라고 말한 뒤 메모지에 연락처를 남기고 사무실을 떠났다. 이름을 보니 P전무라고 적혀 있었다. 그 날부터 정확하게 67일 후 나는 70억 원짜리 분양계약을 체결하였다. 말로는 간단해 보이지만 67일 동안 갖가지 우여곡절을 겪어야 했다. 연이어 17일 동안이나 술을 마시는 바람에 간이 나빠져서 병원치료를 받아야 되는 일도 생겼다. 결론적으로는 70억짜리 계약을 체결하면서 나는 잇따른 사업

실패와 선거출마로 빚어진 채무를 해결하고 약간이나마 생활에 안정을 찾을 수 있었다. 더욱 감사한 일은 상담과정을 통해 P전무와 내가 호형호제하는 사이가 되었다는 사실이다. 지금까지 6년이 지났지만 나는 P전무님을 형님으로 부르며 깍듯이 모시고 있다. 최근에도 P전무님은 내가 출간한 책 100권을 구입하여 직원들에게 나눠주기도 하였다. 세상에는 주기만 하는 사람, 주고받는 사람, 받기만 하는 사람이 있는데 P전무님은 나에게 마냥 주기만 하는 분이었다. 지금까지 너무나 많은 것을 받기만 하였는데 앞으로 그 은혜에 꼭 보답하리라 결심해 본다.

'어떻게 이런 귀한 인연을 맺을 수 있었을까?' 생각해 보면 모든 것이 P전무님의 인덕이지만, 나 또한 사람을 대할 때 일적으로만 대하지 않으려 노력했던 것도 좋은 영향을 주었던 것같다. 70억 계약도 중요했지만 무엇보다 사람이 좋았고 만남이 좋았다. 좋은 사람을 만났으니 행운으로 생각했고 그 인연을 소중히 간직하려 노력했다. 미국 휴렛 팩커드의 창업자인 데이비드 팩커드(David Packard)는 '좋은 사람을 만나는 것은 신이 주는 축복이다. 그 사람과의 관계를 지속시키지 않으면 축복을 저버리는 것과 같다'라고 말하였다. 이 글을 읽는 독자 여러분도 일과 관련하여 좋은 사람을 만나게 된다면 신이 주는 축복을 저버리지 말고 좋은 관계를 지속하도록 노력하라. 거래처 사람들, 협력업체 사람들, 고객들, 모든 사람들과의 인연을 소중하게 대하라. 반드시 하늘의 축복 받을 것이다.

:: 일상생활 속에서 만나는 사람들

우리는 하루에 몇 명을 만날까? 스쳐지나가는 사람을 제외하고 계산해 보면 일반적인 직장인은 하루 평균 50명에서 100명 정도를 만난다. 따라서 이렇게 많은 일상적인 만남을 소중히 대한다면 좋은 인연이 만들어질 것이다.

2007년, 강남역 인근에서 사무실을 사용할 때 나는 건물 1층에 있는 라면전문점을 자주 이용하였다. 식탐이 많지 않은 이유도 있었지만 50대 초반의 여자 사장님과 나누는 짧은 대화가 즐거웠기 때문이다. 사실 말이 라면전문점이지 분식집 규모의 식당이었는데 안으로 들어가 보면 항상 클래식이나 팝송을 흘러나왔다. 어쩌다 손님이 없어 한가한 시간이면 언제나 책을 손에 들고 독서삼매경에 빠지는 분이었다. 대단한 이야기를 나눈 것은 아니지만 인생의 힘든 역경을 지내 온 사람들과의 대화는 힘이 들어가 있지 않고 담백한 느낌이 들어서 좋다.

그 당시에 내가 자주 갔던 단골 중에는 강남역 6번 출구 앞에 있는 구두수선점이 있다. 평균 2주일에 한 번 정도 구두를 닦았는데 1년이 넘게 단골처럼 드나들다 보니 안면이 생겨서 율무차도 얻어 마시고 가벼운 대화도 주고받게 되었다. 지금은 교대역 인근으로 사무실을 옮겨 자주 가지는 못하지만 어쩌다 강남역 근처에 갈 일이 생기면 구두를 닦지 않고 기다렸다가 그곳을 이용한다.

현재 내가 있는 교대역 인근에도 새로운 단골이 많이 생겼다. 가장 먼저 사무실이 있는 건물 1층의 '신씨화로' 사장님에게는 내 책이 나올 때마다 선물을 하며 얼굴을 익혔다. 옆 건물에 있는 '훼미리마트' 점장에게도 2번째, 3번째, 4번째 저서를 선물로 주었다. 5번째 책이 나왔을 때는 캔커피 4개를 보답으로 받았다. 이외에도 일상생활 속에서 만나는 사람들을 너무 가볍게 대하지 않으려 노력한다. 물론 내 성격이 까다로운 탓에 아무에게나 말을 건네거나 만나는 모든 사람과 인사를 나누지는 않는다. 나름

대로의 기준이라고 하면 가장 먼저 상대방의 눈빛을 보고 선량한 성품이라 판단되는 사람에게만 관심과 정을 주기 시작한다. 스쳐지나가는 만남도 소중한 인연이라 말하는데 짧은 시간이나마 한 공간에서 함께 머무르며 대화까지 주고받는 인연은 얼마나 귀하고 신비한가! 생활 속에서 만나는 모든 사람들과의 만남을 좋은 인연으로 발전시켜 보라.

:: 모임, 집회에서 만나는 사람들

사회생활을 하다보면 여러 종류의 모임, 집회에 참석하게 된다. 그런 모임이나 집회에 가게 되면 참석한 목적만 생각하지 말고, 새로운 사람을 많이 만날 수 있는 기회로 생각하고 좋은 사람을 만날 수 있도록 노력하라. 나는 평상시에 다양한 모임이나 집회에 참석하려고 애쓴다. 어떤 때는 벤처협회에서 주관하는 '윤리경영' 1일 과정에도 참석해 보았고, 어떤 때는 주변사람들이 결성한 '라이프코칭협회' 발기인대회에도 참석해 보았다. 최근에는 미국산 소고기 수입을 둘러싼 촛불집회에도 혼자서 참석해 보았다. 이런 행사에 가보면 내가 평소에는 만날 수 없었던 다양한 사람들을 만날 수 있어서 새롭다. 휴식시간이나 뒤풀이 시간에 차를 마시며 대화를 주고받기도 하고, 집회 중간에 음료수나 담배를 건네며 인사를 나누기도 한다. 모임이나 행사, 집회 등에 참석하게 되면 새로운 사람과 좋은 만남을 만들 수 있도록 노력하라.

:: 출퇴근, 식사, 술자리에서 만나는 사람들

일상생활 중에서도 가장 많이 반복되는 일이 출퇴근, 식사, 술자리다. 이런 활동 중에 만나는 사람들에게 관심을 가지고 소중하게 대하면 새로운 만남이 많이 만들어진다. 내가 술자리에서 만났던 사람 중에 특별하게 기억나는 사람으로는 주류회사에 다니는 C가 있다. 그를 처음 만난 것은 강남역 부근에 있는 식당에서였다. 2006년 어느 날 저녁, 내가 운영하는 다음 카페 회원들과 함께 스터디 모임을 마치고 뒤풀이를 하러 고깃집을 갔다. 들어가 이야기를 나누는데, 식당 한편에 어떤 사람이 무릎을 꿇고 테이블 의자에 앉아 있는 사람에게 무언가를 설명하는 모습이 눈에 들어왔다. 도대체 무슨 일인가 신기해서 계속 바라보았다. 잠시 후 이야기를 마쳤는지 우리 쪽으로 걸어왔는데, 새로 나온 신제품 소주 한 병이 들려 있었다. 곧바로 내게 오더니 J회사 영업사원인데 홍보를 나왔다며 소주를 한 잔 따라주겠다고 했다. 소주잔을 받은 후, 몇 가지 질문을 건넸다. C는 얼마 전까지 일본지사에서 일하다가 한국에 들어온 지 1개월이 조금 지났다고 말했다. 그래서 시장 적응도 할 겸 술집을 다니며 신제품 소주를 홍보하는 중이라는 것이었다. 굳이 무릎을 꿇고 설명하는 이유를 물어봤더니 신입사원 시절부터 그런 자세가 습관이 되었기 때문이라고 대답한다. 술집이 워낙 시끄러워 그런 곳에서 선 채로 말하면 손님들이 잘 알아듣지를 못하기 때문에 처음부터 바닥에 무릎을 꿇고 설명하기 시작했다고 말한다. 마음속으로 C의 프로정신에 감탄을 금치 못했다. 연락처를 하나 달라고 하여 며칠 후 전화를 걸었다. 그리고 남부터미널 근처로 찾아가 점심을 같이 먹으며 많은 이야기를 나눴고, 그 다음부터는 지속적으로 연락을 주고받으며 지내왔다. C는 최근에 다시 일본으로 건너갔는데 한달에 2~3번씩 이메일로 일본 소식을 전해오고 있다. 새로운 사람을 만나고 싶으면 출퇴근길에 옆자리에 앉은 사람과 만남을 가져라. 식당이나 술자리에서 주변에 있는 사람들과 인연을 맺어라. 너무 목적을 가지고 의식적으로 할 필요 없다. 그냥 가볍게 인사하고 가벼운 대화를 나누고 그러다 마음이 맞으면 조금 더 친밀한 대화를 나누면 된다. 스쳐지나가는 사람들을 그냥 흘려보내지 말고 내 사람으로 만들어 보라.

:: 여행에서 만나는 사람들

낯선 곳으로의 여행은 새로운 사람들을 만날 수 있는 확률을 높여준다. 여행을 떠나면 문화나 풍경을 즐기는 것도 좋지만 새로운 사람들을 사귈 수 있는 기회로 생각하는 것도 바람직하다.

내가 학창시절에 가장 부러워했던 친구 중에 S가 있다. 그는 타고난 화술과 멋진 춤솜씨, 그리고 세련된 옷차림으로 많은 여성들의 마음을 쉽게 사로잡았다. 뿐만 아니라 남자들도 어른, 아이를 가리지 않고 그와 함께 있는 시간을 즐거워했다. 고등학교 3학년 시절, 나는 S와 함께 무전여행을 떠났다. 처음에 세웠던 계획은 대관령 목장을 찾아가 여름방학 동안 목동(?)생활을 하겠다는 것이었다. 그러나 유감스럽게도 춘천 시외버스터미널에서 청춘의 부푼 꿈을 접어야만 했다. 이유는 단 한 가지였다. 아직 방학이 시작되지 않았는데 교복을 입고 있지 않았으므로 버스요금을 할인해 줄 수 없다는 것이었다. 돈이 부족했던 S와 나는 목동의 꿈을 접고 다시 경춘선 기차를 타고 서울로 올라오며 나흘간에 걸친 여행을 시작했다. 첫날 강촌역을 시작으로, 가평, 청평, 대성리에서 각각 1박씩을 하며 텐트를 치고, 수영을 하고, 라면을 끓여먹으며, 한량 같은 시간을 보내기 시작했다. 그 와중에서 가장 신기했던 것이 바로 S의 대인관계능력이었다. 그는 모든 여행지에서 사람들을 사귀었고 초등학생, 중학생, 고등학생, 대학생, 일반인에 이르기까지 골고루 인연을 맺었다. 함께 사진을 찍고, 먹을거리를 얻어 오고, 다른 일행의 캠프파이어에 어울리고, 심지어는 상당한 액수의 여비까지 조달해 왔다. 나는 S가 사람들을 만나고 친밀한 관계를 형성해 가는 모든 과정이 그저 놀라울 뿐이었다. 그는 지금 뉴질랜드에서 가장 큰 이민업체를 운영하고 있다. 사람 만나기를 좋아하고 여행을 즐기는 그에게 매우 잘 어울리는 비즈니스라 생각한다.

사실 나도 여행을 하면 인복은 많았던 편이다. 기억을 거슬러 올라가 보면 고등학교 2학년 때 연평도로 가는 배에서 만났던 Y, 1983년 친구들과 원산도에 놀러가서 만났던 K, 1987년 일본에서 페리호를 타고 귀국할 때 만났던 N을 비롯해서 여행길에 오르면 늘 새로운 사람을 만나곤 했다. 90년대 초반에는 대만, 유럽, 미국, 러시아를 다녀온 적이 있는데 이럴 때마다 1~2명 이상은 새로운 만남이 생겨났다. 인복이 많은 것인지, 스쳐지나가는 인연을 아쉬워하는 탓인지 모르겠지만 여행길에 나서면 곧잘 새로운 사람을 만났다.

여행은 새로운 사람을 많이 만날 수 있는 좋은 기회가 된다. 여행길에서 마주치는 사람들을 무심히 스쳐 보내지 말고 좋은 인연으로 이어질 수 있도록 적극적으로 노력해 보라.

스쳐지나가는 사람을 사로잡아라

유형	어떻게 작은 인연을 큰 인연으로 이어갈 것인가?
일과 관련되어 만나는 사람들	
일상 생활 속에서 만나는 사람들	
모임, 집회에서 만나는 사람들	
출퇴근, 식사, 술자리에서 만나는 사람들	
여행에서 만나는 사람들	

만남 후,
든든한 인맥으로 굳히기

HUMAN RELATIONS

제 6 장
만남 후, 든든한 인맥으로 굳히기

1. 만남의 정석

　지금까지 새로운 사람을 만나는 방법에 대해 알아보았다. 이제 남은 것은 실천이다. 그런데 연애에도 정석이 있듯이 만남에도 정석이 있다. 가장 먼저 할 일은 한 달 동안 몇 명을 만날 것인지 목표를 정하는 것이다. 만나는 목적이 좋은 인맥을 만드는 것이라면 751법칙을 적용하여 목표를 결정하라.

　예를 들어, 한 달에 1명의 인맥과 5명의 휴먼 네트워크를 만들고 싶다면 70명의 사람들을 새로 만나야 한다. 인맥관리가 아니라 영업과 관련된 신규 고객을 창출하는 것이 목적이라면 평균 수치를 적용하여 목표를 정한다. 즉, 지금까지 새로운 사람을 만났을 때 고객으로 전환되는 비율이 평균 5% 정도였다면 만남의 목표는 역산으로 계산하여 산출한다. 만약 한 달에 10명의 신규 고객을 만들고 싶다면 200명의 사람을 새로 만나야 한다.

좋은 인맥을 만들기 위한 만남의 목표

새로 만나야 할 사람의 수 = (목표 인맥+휴먼 네트워크의 수)/6×70명

신규 고객을 창출하기 위한 만남의 목표

새로 만나야 할 사람의 수 = 목표고객의 수×(100/신규 고객 전환비율)

다시 한 번 강조하지만 인맥관리, 고객관리는 확률게임이다. 새로운 사람을 많이 만나면 일부가 좋은 인맥, 신규 고객이 된다. 물론 각자의 대인관계 역량이나 상담 스킬 등에 따라 조금씩 결과가 달라지지만 기본적인 개념은 동일하다. 인맥관리는 양에서 질이 나오고, 많이 만나야 좋은 인연이 많이 생겨난다. 따라서 좋은 인맥, 신규 고객을 만들고 싶다면 만남의 목표를 주, 월 단위로 설정하고 새로운 사람을 만나려는 노력을 지속적으로 기울여야 한다. 목표가 없으면 만나는 사람이 적고, 만나는 사람이 적으면 좋은 인맥, 신규 고객은 만들어지지 않는다.

표를 활용하여 만남의 목표를 구체적으로 세워라. 1개월 동안 각 유형별로 몇 명씩 만나야 하는지 '목표 인원' 란에 적어라. 그리고 실제로 어떻게 만날 수 있는지 실천방법을 적어라. 연애도 기술이지만 만남도 기술이다. 목표와 실천계획이 분명해야 좋은 인맥, 신규 고객이 많이 만들어진다. 만남의 정석을 가볍게 생각하지 말고 목표와 실천방법을 꼼꼼하게 기록하라.

만남의 정석

유형		목표 인원(명/월)	실천 방법
필연적 만남	등잔 밑에서 찾아라		
의도적 만남	단체/ 모임에 가입하라		
	교육에 참여하라		
	행사에 참여하라		
	인터넷에서 만나라		
	지역에서 만나라		
계획적 만남	직접 찾아가라		
	직접 불러 모아라		
확장적 만남	기존 인맥을 확장하라		
선택적 만남	전문적인 활동을 하라		
우연한 만남	일을 통해서 만나라		
	취미/ 관심 사항을 넓혀라		
	스쳐지나가는 사람을 사로잡아라		

2. 인간관계의 발전 단계

이 책을 통해서는 새로운 사람을 만나는 방법만 다루고 인간관계를 발전시키는 방법에 대해서는 쓰지 않을 생각이었으나 궁금해 하는 독자들도 많을 것 같아 기존에 출간한 책 중에서 일부를 발췌하여 소개하는 것으로 대신할까 한다. 보다 구체적인 내용을 알고 싶은 분들은 『사람들을 내 편으로 만드는 소통』을 참고하길 바란다.

사람과 사람이 만나면 일정한 단계를 거쳐 인간관계가 발전된다. 따라서 어떠한 과정을 거쳐 인간관계가 발전되고 각각의 단계에 어떤 요소들이 영향을 주는지 알고 있다면 좋은 관계를 만들 수 있을 것이다. 처음 만난 사람과 관계를 유지하는 기술을 알아보기에 앞서 인간관계의 발전 단계에 대해 알아보자.

:: 호감(반감) 형성
다른 사람을 처음 만나면 첫인상이 형성되는데 이때 호감이 형성되어야 한다. 호감이 형성되지 않으면 인간관계는 유지되기 어렵다. 최초 대면을 할 때 호감이 형성될 수 있도록 노력하고, 반감이나 무관심이 형성되지 않도록 주의해야 한다.

:: 기대감(실망감) 형성
최초 대면시에 기대감이 형성되어야 인간관계가 발전된다. 호감이 있어도 기대감이 없으면 인간관계는 더 이상 이어지지 않는다. 호감이 없어도 기대감이 형성되면 인간관계는 유지될 가능성이 높다. 기대감은 인간관계를 유지하게 만드는 핵심요소이며, 새로 만난 사람을 헤어질 때 다시 만나고 싶게 만드는 것이 기대감이다. 기대감이 충족되지 않으면 실망감이 형성된다.

:: 공감(이질감) 형성

호감과 기대감이 형성되어 인간관계가 유지되면 그 다음으로는 공감이 형성되어야 한다. 공감은 서로 말, 생각, 감정이 통하는 것이다. 내 생각을 알아주는 사람, 내 마음을 잘 이해해주고 통하는 사람이 가장 좋은 인맥이다. 통하지 않으면 답답하고 이질감이 형성된다.

:: 친밀감(거리감) 형성

공감과 함께 친밀감이 형성되면 인간관계가 심화된다. 친밀감은 가까운 느낌으로 유대감과 친근감에 해당되는 감정이다. 강화주기, 스킨십, 호의 제공, 체험공유, 자기공개 등을 통해 친밀감이 형성된다. 생각과 경험을 함께 하는 시간이 많으면 친밀감 형성에 도움이 되고 반대로 관심과 접촉이 줄어들면 거리감이 형성된다.

:: 신뢰감(불신감) 형성

인간관계 발전 단계의 마지막 단계는 신뢰감 형성이다. 상호간에 믿음이 생겨 상대방을 위해 일정한 책임과 역할을 수행하려는 마음이 형성된다. 서로에 대한 충분한 이해, 일관된 말과 행동, 현실적인 도움의 제공 등을 통해 신뢰가 형성된다. 약속이 지켜지지 않거나 기대했던 사항이 이루어지지 않으면 불신감이 형성된다. 신뢰감은 커뮤니케이션 역량에 따라서 많은 영향을 받는다.

이상과 같이 인간관계는 5가지 단계를 거쳐 발전된다. 경우에 따라서는 일부 단계가 생략되거나 순서가 뒤바뀌기도 하고, 또 몇 가지 단계가 복합적으로 동시에 형성되기도 한다. 그러나 일반적으로는 호감, 기대감, 공감, 친밀감, 신뢰감의 순서로 발전된다. 다시 정리하면 처음 만난 사람에게는 호감과 기대감이 형성되어야 인간관계가 유지된다. 인간관계가 유지되면 공감과 친밀감이 형성되어야 인간관계가 발전된다. 마지막으로 상호 간에 신뢰감이 형성되면 장기간에 걸쳐 밀접한 관계가 지속될 수 있다.

결국 인간관계는 다른 사람들에게 호감, 기대감, 공감, 친밀감, 신뢰감을 어떻게 잘 형성할 수 있는지에 달려있다. 사람들의 마음속에 오감을 형성할 수 있으면 누구나 자신의 편으로 만들 수 있다. 반대로 반감, 실망감, 이질감, 거리감, 불신감을 형성하는 사람은 다른 사람들과 가까워지기 어렵다.

3. 처음 만난 사람과 관계 유지하기

인간관계는 매우 조심스럽게 접근해야 한다. 10번 찍어 안 넘어 가는 나무 없다고 일방적인 관심과 연락을 반복하면 내 생각과는 다르게 안 좋은 관계로 발전할 수도 있다. 따라서 상대방이 부담을 느끼지 않을 편안한 연결 고리를 찾아서 자연스럽게 만남을 이어나가야 한다. 사회에서 처음 만난 사람과 관계를 이어가는 방법에는 다음과 같은 것들이 있다.

:: 미니홈피

상대방이 미니홈피를 운영하고 있다면 미리 1촌 맺기를 신청하고 싶다는 뜻을 밝혀두고 헤어지고 나면 곧바로 1촌을 신청한다. 그리고 상대방의 미니홈피에 관심을 갖고 안부와 덕담의 덧글을 남겨놓는다. 동시에 내가 운영하는 미니홈피에 초대한다. 20~30대 중에는 미니홈피를 운영하는 사람이 많고 대부분 자신의 명함에 주소를 적어놓기 때문에 미니홈피만 잘 활용해도 관계를 유지하는 것은 그리 어렵지 않은 일이다.

:: 메신저

상대방이 나와 같은 메신저를 사용하고 있다면 친구등록을 요청한다. 메신저는 실시간으로 커뮤니케이션이 가능하기 때문에 매우 편리한 인맥관리 도구가 된다. 직장인들의 경우 대부분 1~2개 이상의 메신저를 사용하기 때문에 처음 만났을 때 메신저 아이디를 알아놓으면 관계를 이어나가는 데 편리하다.

:: 블로그

상대방이 블로그를 운영하고 있으면 방문하여 인사말을 남겨라. 그리고 이웃 맺기를 신청하라. 이웃블로그로 맺어지면 상대방의 최근 동향을 손쉽게 파악할 수 있기 때문에 관계를 이어나가는 일이 용이해진다. 반대로 내가 운영하고 있는 블로그가 있으면 상대방에게 방문해 줄 것을 부탁한다. 최근에는 블로그를 전문적인 수준까지 운영하는 사람들이 많아졌기 때문에 상대방의 블로그에 관심을 기울여 주면 좋은 관계로 발전할 가능성이 높아진다.

:: 커뮤니티

내가 활동하는 인터넷 커뮤니티에 상대방을 초대한다. 이를 위해서는 다양한 주제, 계층별 커뮤니티에 가입하여 활동하는 것이 좋다. 평소에 여러 개의 커뮤니티에 참여하다가 다른 사람을 처음 만나면 그 사람에게 관심 있고 도움이 될 만한 커뮤니티를 추천한다. 만약 상대방이 인터넷 커뮤니티를 운영하고 있으면 회원으로 가입하여 적극적으로 참여한다. 최근에 나는 독서디자이너라는 독특한 분야에 종사하는 다이애나 홍 한국독서경영연구원장을 만났다. 명함에 쓰인 네이버 카페에 초대하기에 기꺼이 방문하여 회원으로 가입하고 인사말을 남겼다. 나 역시 내가 운영하는 다음 카페 '교육의 모든 것'에 초대하였는데, 다이애나 홍 원장은 다음날 즉시 가입을 하였다. 앞으로 좋은 인연이 이어질 것이라 기대한다.

:: 인맥관리 사이트

상대방이 인맥 형성에 관심이 있거나 사회활동이 활발한 사람이라면 인맥관리 사이트에 초대하는 것도 좋은 방법이다. 당연히 내가 먼저 인맥관리 사이트에 가입이 되어 있어야 한다. 인맥관리 사이트 링크나우, 샬록홈즈의 경우 이메일로 초대장을 보내어 수신인이 승인하면 자동적으로 나의 인맥에 등록이 된다. 내가 아는 뉴욕생명의 H컨설턴트는 이 방법을 가장 많이 활용한다. 새롭게 고객을 만나면 자신이 가입되어 있는 인맥관리 사이트로 초대한다. 고객의 입장에서도 새로운 인맥을 형성할 수 있으므로 비교적 호의적인 반응을 보인다고 말한다.

∷ 교육/ 행사

상대방이 배움에 관심이 있으면 교육행사에 초대한다. 북세미나에서 개최하는 저자 출간기념 특강을 비롯해 여러 기관에서 개최하는 교육일정을 알아 놓았다가 상대방이 관심을 가질 만한 교육에 함께 참여한다. 또는 내가 관련되어 있거나 참석하고자 하는 공연, 전시회, 토론회, 컨퍼런스, 바자회, 축제 등 다양한 행사에 초대하여 함께 참여한다.

∷ 단체/ 모임

상대방을 내가 참여하는 단체, 모임에 가입하도록 초대한다. 이를 위해서는 내가 먼저 여러 종류의 단체와 모임에 가입되어 있어야 한다. 평상시에 비즈니스, 취미, 학습, 봉사활동 등 다양한 모임에 가입하여 활동하라. 그리고 새로운 사람을 만나면 그 사람에게 적합한 모임에 초대하면 된다. 한국시민자원봉사회의 박승주 상임부회장은 새로운 사람을 만나면 세종로포럼의 운영위원으로 합류시키거나 조찬포럼 참석을 적극적으로 추천한다. 역시 인간관계를 이어나갈 수 있는 좋은 방법이다.

∷ 인맥 연결

상대방에게 다른 사람을 연결시켜 준다. 상대방의 일, 취미, 관심 사항, 꿈을 이루는 데 도움이 될 수 있는 사람을 소개해 준다. 약속자리를 마련하여 함께 만나는 과정을 통해 자연스럽게 인간관계가 발전될 수 있다. 대한생명의 정명식 부지점장은 새로운 고객을 만나면 반드시 도움이 될 만한 다른 사람을 서로 연결시켜 주는 것을 첫 번째 과제로 생각한다. 실질적인 도움도 주면서 인간관계를 중첩적으로 가져갈 수 있는 실용적인 방법이다.

:: 도움 요청

상대방이 나보다 지위가 높거나 뛰어난 능력을 가졌을 경우, 또는 내가 필요로 하는 요소를 지녔을 경우 인간적인 도움을 요청하는 것도 관계를 이어가는 방법이 될 수 있다. 다만, 상대방이 부담을 느끼지 않고 가벼운 마음으로 들어줄 수 있는 수준이라야 적당하다. 가장 손쉬운 것은 인생과 사업에 대한 조언을 부탁하거나 간단한 정보, 자료를 요청하는 일들이다. 경우에 따라서는 비즈니스적인 도움을 요청할 수도 있지만, 어디까지나 인간관계를 이어가는데 무리가 없는 내용이라야 한다. 얼마 전 인맥페스티벌에서 만난 대학생이 취업 및 진로에 관한 상담을 받고 싶다고 말하여 개인적으로 만났던 적이 있는데 이 역시 마찬가지 경우라 할 수 있다.

:: 문자/ 이메일 전송

문자메시지나 이메일을 지속적으로 보내는 것이다. 이를 위해서는 처음 만났을 때 상대방의 동의를 구하는 것이 바람직하다. 그리고 내가 보내는 문자나 이메일이 상대방에게 도움이 될 수 있어야 한다. 한국유머전략연구소 최규상 소장은 1주일에 2번 유머를 이메일로 발송한다. 받아 보는 사람의 입장에서도 나쁘지 않고, 보내는 사람의 입장에서는 처음 만난 사람과 인간관계를 이어갈 수 있는 좋은 방법이다.

사실 인간관계를 이어가는 가장 좋은 방법은 직접 만나는 것, 식사나 술을 대접하는 것, 선물을 보내는 것, 도움을 제공하는 것이다. 다만, 모든 사람에게 이런 방법을 실천하기에는 돈, 시간, 정신적인 어려움이 많기 때문에 어쩔 수 없이 선택과 집중을 해야 한다. 즉, 처음 만났을 때 빠른 시간 내에 친밀한 관계로 발전시키고 싶은 사람에게는 조금 더 많은 시간적·경제적 정성을 기울이고, 일반적인 사람의 경우에는 위에서 언급한 10가지 방법을 중심으로 꾸준히 노력해야 한다.

4. 지속적으로 나를 각인시키기

발품과 모든 인맥을 동원해 평소에 꼭 만나고 싶었던 사람을 어렵게 만났다. 정성과 열의를 다해 서로에게 즐겁고, 유익한 만남이 될 수 있도록 노력했다. 그리고 의례적으로 다음을 기약하며 헤어졌다. 그 다음에 당신은 어떻게 할 것인가?

새로운 사람을 아무리 많이 만나도 '작은 인연을 큰 인연으로 만드는 기술'이 없으면 나의 존재를 끊임없이 각인시킬 수 없다. 한번 악수한 사람을 놓치지 않기 위해서는 팔로우 업(Follow-up) 5단계가 이루어져야 한다.

1단계 - 문자

새로운 사람을 만나서 헤어지면 24시간 이내에 문자를 보낸다. 경우에 따라서는 헤어지고 나서 즉시 문자를 보내는 것도 좋다. 특히 모임이나 행사를 주관한 회장, 총무, 운영진 등에게는 감사와 격려의 문자를 헤어진 직후, 바로 보내는 것이 좋은 인상을 심어줄 수 있다. 가급적 단체 문자로 보내지 말고 한 명씩 보내라. 문자를 보낼 때 가장 많이 실수하는 것이 상대방 이름을 빠뜨리는 것이다. 반드시 받는 사람과 보내는 사람의 이름을 함께 보내라. 상대방의 이름과 직함을 불러주는 것은 친밀감을 느끼게 하고, 호감과 관심이 있음을 간접적으로 나타내는 것이다.

2단계 – 이메일

문자를 보내고 나면 1주일 이내에 이메일을 보낸다. 이메일을 보낼 때는 상투적인 내용보다 자신에 대한 소개, 만남에 대한 느낌, 좋은 인연에 대한 기대감을 진솔하게 표현해야 한다. 처음부터 사업적, 영업적인 내용의 이메일을 보내는 것은 바람직하지 않다. 일부 영업사원들은 처음 만난 사람의 동의도 구하지 않고, 일방적으로 광고성 이메일을 보내는 실수를 하는데 이는 역효과만 초래할 뿐이다. 인간관계는 조급하게 서두르지 말고, 천천히 신뢰를 쌓아나가야 한다.

3단계 – 전화

만난 지 2주일 이내에 전화를 한다. 전화를 할 때는 통화 내용과 용건을 분명하게 정리한 후 연락해야 한다. 상대방과 상황에 따라서 단순하게 안부를 주고받거나, 비즈니스에 관련된 대화를 나누거나, 만남을 요청할 수도 있다. 무엇보다 상대방이 부담을 느끼지 않도록 하는 것이 중요하다. 가장 일반적인 방법은 상대방의 사무실, 활동 지역 근처에 갈 일이 있는데 식사나 차를 대접하고 싶다고 제안하는 것이다. 반대로 내 사무실 근처로 초대할 수도 있다. 가급적 상대방에게 도움을 줄 수 있는 일을 찾아서 만남을 제안하는 것이 바람직하다.

4단계 – 만남

만난 지 3주일 내에 식사를 함께 한다. 상황에 따라서는 간단하게 차를 마시며 미팅을 갖는다. 구체적인 용건이 있다면 다행이지만, 단순하게 만나는 것이라면 기분 좋고 유익한 만남이 되도록 노력을 기울여야 한다. 제 3장에서 이야기한 것처럼 상대방에 대한 사전 정보를 미리 파악하고, 나를 잘 PR할 수 있는 자기소개서, 다양한 대화 소재, 간단한 선물, 지속적인 만남으로 이어질 수 있는 연결 고리 등을 준비해서 만나야 한다.

대부분 새롭게 만난 사람과 두 번째 만남까지는 가능해도 그 이상으로 관계가 발전되지 못하고 끊어진다. 따라서 무조건 만나는 것에만 목적을 두지 말고, 어떻게 하면 세 번째, 네 번째 만남으로 이어갈 수 있는지를 충분히 생각해 보아야 한다.

5단계 – 호의 제공

만난 지 1개월 이내에 상대방에게 선물이나 도움을 제공한다. 만난 시점에 따라서 구정, 추석 같은 명절 선물을 보내거나 밸런타인데이, 화이트데이 등을 활용할 수도 있다. 상대방에게 도움을 줄 때는 비즈니스적인 부분은 물론 상대방의 취미, 관심 사항, 목표, 건강, 가족 등을 고려해서 생각해 보면 다양한 형태의 호의 제공이 가능해 진다. 정보나 자료를 제공해 주거나, 도움이 될 사람을 소개시켜 주는 것도 좋은 방법이다. 줄 때는 'Give&Forget'의 마음으로 주어야 한다. 'Give&Take'의 마음으로 주면 상대는 부담을 느끼게 된다.

지금까지 인간관계의 발전 단계와 팔로우 업 5단계에 대해 알아보았다. 이것은 어디까지나 기본적인 모델일 뿐 각자의 생각이나 상황에 따라 융

통성 있게 적용하면 된다. 예를 들어 인터넷 메신저를 통해 1단계 팔로우 업을 시도할 수도 있고, 경우에 따라서는 다음날 바로 상대방의 사무실에 방문하는 상황도 가능하다. 만약 이메일 쓰는 것이 익숙하지 않다면, 이메일로 팔로우 업을 하는 것은 생략하면 된다. 중요한 것은 끊임없는 연구와 노력에 기반을 둔 지속적인 관심과 접촉이다. 만남은 인연이지만, 달리 생각하면 종합예술이다. 탄탄하게 기획하고, 세심하게 연출하며 땀과 노력, 정성을 기울여야만 좋은 인연을 만들 수 있다. 지금 내가 만나는 사람들과 어떤 무대를 만들 것인지 만남의 예술을 펼쳐 보라.

팔로우 업(Follow-up) 5단계

단계	실천 내용				
	D+24h	D+1주일	D+2주일	D+3주일	D+4주일
문자					
이메일					
전화					
만남					
호의 제공					

새롭게 만난 사람들을 잘 관리하려면 DB관리가 체계적으로 이뤄져야 한다. 새롭게 만나는 사람이 10명 미만이면 머리만으로도 기억할 수 있지만 수십, 수백 명을 만나게 되면 기억력에 의지하는 것은 한계가 있다. 새롭게 만나는 사람의 수가 많아질수록 인맥관리의 핵심은 DB관리에 달려 있다.

DB관리는 기본적으로 3가지 기준을 충족시켜야 한다.

첫째, 검색이 효율적으로 이루어져야 한다. 만났던 사람의 인적사항을 DB로 저장하는 가장 큰 이유는 필요시에 바로 검색하여 활용하려는 것이다. 따라서 이름, 회사, 직위, 하는 일, 활동 지역, 성별, 연령, 주요 경력 등을 손쉽게 검색할 수 있어야 한다.

둘째, 커뮤니케이션이 용이해야 한다. 문자, 이메일을 전송하거나 전화 연결을 통해 지속적이고 정기적인 연락을 취하는 데 편리해야 한다.

셋째, 피드백 기능을 제공해야 한다. DB를 통해 인맥관리가 올바르게 이루어지고 있는지 점검할 수 있어야 한다.

사회에서 가장 많이 쓰이는 DB관리 방법으로는 명함 보관, 인맥 노트 작성, 한글 프로그램, 엑셀 프로그램, 인맥관리 프로그램 등이 있다. 최근에는 명함자동정리기를 이용한 DB관리도 많이 보편화되고 있다. 이밖에 메신저, 아웃 룩, 문자 전송 사이트, 이메일 전송 사이트, 인맥관리 사이트를 활용하기도 한다.

DB관리를 할 수 있는 방법은 여러 가지가 있지만, 기본적으로 명함자동정리기와 휴대폰을 병행하여 관리하라고 권장하고 싶다. 그리고 그중에서도 휴대폰을 최고의 DB관리 도구로 추천한다.

휴대폰은 최대 2,000명까지 저장되기 때문에 DB관리 도구로 손색이 없다. 최신 기종은 문자메시지를 예약하여 전송하는 기능도 있어 매우 편리하다. 휴대폰에 새로운 사람을 입력할 때는 반드시 '새 인맥'이라는 카테고리를 만들어 저장한다. 그 카테고리를 보면 내가 최근에 몇 명을 만났고, 누구를 만났고, 연락을 주고받았는지 등에 대해 실시간으로 확인할 수 있다. 이런 방법으로 2~3개월 정도 연락을 주고받다가 어느 정도 관계가 친밀해지면 새로운 카테고리로 이동시킨다. 처음 만난 사람을 휴대폰에 등록할 때는 다음 방법을 활용하면 좋다.

1. 새 인맥 그룹에 저장한다.
2. 저장 항목 중 기념일에는 처음 만난 날을 등록한다.
3. 저장 항목 중 메모란에는 만난 장소, 인상착의, 특이사항 등을 기록한다.
4. 문자메시지 예약 전송 기능을 활용하여 안부문자를 예약해 놓는다.
5. 일정관리 기능을 활용하여 팔로우 업 5단계를 등록해 놓는다.

이 중에서 팔로우 업 5단계는 이름과 함께 저장한다. 새로 만난 사람의 이름이 홍길동이라고 가정하면 휴대폰에 등록할 때 '홍길동12345'라고 저장하는 것이다. 그리고 팔로우 업 5단계 중 한 가지가 끝날 때마다 숫자를 수정하여 다시 저장한다.

홍길동12345 – 팔로우 업이 아직 진행되지 않았음.

홍길동2345 – 팔로우 업 1단계가 이루어졌음.

홍길동345 – 팔로우 업 1, 2단계가 이루어졌음.

홍길동145 – 팔로우 업 1, 2, 3단계가 이루어졌음.

홍길동5 – 팔로우 업 1, 2, 3, 4단계가 이루어졌음.

홍길동 – 팔로우 업이 모두 이루어졌음.

조금 더 꼼꼼하게 하고 싶은 사람은 저장 항목 중에 주소란과 메모란을 활용하여 팔로우 업이 이루어진 날짜를 상세하게 기록하도록 한다. 예들 들어, 팔로우 업이 11월 10일, 11월 23일, 12월 4일에 각각 일어났다면 주소란에 '11/10-11/23-12/4'와 같이 저장하면 된다. 또는 더 구체적으로 '11/10(문자)-11/23(이메일)-12/4(전화)'와 같이 정리해도 된다.

이렇게 하면 언제 어떤 방법으로 팔로우 업이 있었는지 실시간으로 점검해 볼 수 있다. DB는 명함자동정리기를 활용하여 체계적으로 하는 것이 가장 좋지만 보통 1,000명 미만의 인맥을 보유하고 있는 경우가 대부분이기 때문에 현실적으로는 휴대폰만 제대로 활용해도 DB관리는 충분하다. 휴대폰은 누구나 사용하고, 24시간 몸에 지니고 다니는 것이기 때문에 휴대용 DB관리 도구라고 생각해도 무방하다. 필자의 휴대폰에도 현재 47개의 그룹에 2,000여명의 사람이 저장되어 있는데, 처음 만난 사람들은 '새 인맥-인맥-일맥'의 단계를 거쳐 그룹별로 저장하고 있다. 다시 한 번 강조하지만 휴대폰은 처음 만난 사람들과의 DB를 관리하는 최고의 도구다. 새로운 사람을 만나면 새 인맥 그룹에 저장하고 팔로우 업 5단계를 실천하라. 반드시 좋은 인맥이 만들어질 것이다.

에필로그

인생을 한 편의 영화 또는 드라마라고 말한다. 당연히 내가 감독이요, 주인공이다. 영화가 명작이 되기 위해서는 몇 가지 요소가 필요하다.

첫째, 좋은 영화를 만드는 것은 좋은 시나리오다. 탄탄하게 잘 짜인 각본이 좋은 영화를 만든다.

둘째, 주연배우가 중요하다. 두말할 것도 없이 영화에서 가장 중요한 요소이다.

셋째, 조연배우를 잘 써야 한다. 아무리 주연배우의 연기가 뛰어나도 조연배우들의 연기가 어색하고 서툴면 명작이 되기 어렵다.

인생이라는 영화도 마찬가지다. 먼저 내가 인생의 각본을 잘 써야 한다. 그리고 실력 있는 조연배우들을 섭외해야 한다. 이 2가지 조건이 바로 서지 않으면, 인생은 삼류영화가 된다.

누구를 만날 것인지 즉, 누구를 조연배우로 섭외할지는 일차적으로 인생의 각본에 달려 있다. 내가 어떤 드라마를 만들고 싶으냐에 따라 만나야 할 사람이 달라진다. 지금까지 써 온 또는 계획하고 있는 인생의 각본을

210

다시 읽어보라. 거기에 무엇이 쓰여 있는가? 만약 각본이 부실하거나, 심지어 아직 작성되어 있지도 않다면 엉뚱한 조연배우를 섭외하기 위해 헛수고할 확률이 99.9%이다. 결국 만남은 내 인생의 드라마에 출연할 조연배우를 찾는 일이다.

어떤 영화는 주연배우보다 조연배우가 더욱 멋지고 빛나는 경우가 있는데, 바로 내 인생이 그러하다. 지금까지 만난 사람들 덕분에 내 인생의 영화가 조금 더 나은 작품이 될 수 있었던 것 같다.

이 책을 집필하는 동안에도 나는 지난 한 달간 대략 2,000명 내외의 사람을 만났다. 대부분 잠시 스쳐 지나가는 인연으로 끝났지만, 일부 사람들과는 인사를 하고 명함도 교환하였다. 역시 만남은 인연이요, 관계는 노력이다. 인간관계가 유지되려면 서로 노력해야 한다. 동시에 인맥관리는 확률게임이다. 많은 사람을 만나면 그 중의 일부만 좋은 관계로 남는다.

한 달간 만난 사람 중에는 내가 노력하여 만난 이도 있고, 요청에 의해 만난 이도 있고, 우연히 만난 이도 있고, 누군가의 소개나 추천, 연결을 통해 만난 이도 있다. 결국 세상의 모든 만남은 필연적, 의도적, 계획적, 확장적, 선택적, 우연한 만남 중 하나에 해당된다. 따라서 좋은 사람들을 많이 만나고 싶으면 본문에서 소개한 6가지 유형의 만남을 많이 만들어야 한다.

독자들이 이 책을 읽는 목적은 여러 가지가 있을 것이다. 각자의 상황에 따라서 새로운 사람을 만날 수 있는 방법에는 조금씩 차이가 있겠지만, 모두 똑같이 명심해야 할 점이 있다. 바로 사람을 중심으로 만나야 한다는 점이다. 받을 것을 생각하며 주는 계산적인 만남이 아니라, 돌려받지 못하더라도 기꺼이 베풀 수 있는 순수한 만남을 가져야 한다. 좋은 관계를 만드는 것은 계산이 아니라 따뜻한 인정(人情)이다.

생각만으로는 세상을 바꿀 수 없다. 세상을 바꾸는 것은 오직 행동이다. 좋은 인맥, 새로운 고객, 이성 친구, 사업 파트너를 만들기 위해서라도 우리에게 필요한 것은 생각이 아니라 행동이다. 이제 그만 책을 덮고 새로운 사람을 만나기 위해 움직여라. 다시 한 번 부탁하건데 고래를 잡으려면 바다로 가야 한다는 사실, 그리고 751법칙을 죽는 날까지 명심하라.

마지막으로 내 인생에 출연해 준 모든 분들에게 감사의 말을 전한다. 모든 사람의 이름을 일일이 적고 싶지만 그러지 못하는 점에 용서를 구한다. 독자 여러분의 행운을 빌며 마지막으로 존 셰드의 말을 전한다.

항구에 정박해 있는 배는 안전하다.
그러나 배는 항구에 묶어두기 위해 만든 것이 아니다.

푸른 고래 양광모

부 록

〈추천 도서〉

1. 『인간관계 맥을 짚어라』 양광모, 청년정신

2. 『당신만의 인맥』 양광모, 청년정신

3. 『100장의 명함이 100명의 인맥을 만든다』 양광모, 북북서

4. 『사람들을 내 편으로 만드는 소통』 양광모, 도서출판 무한

5. 『남이 나를 PR하게 하라』 양광모, 케이앤제이

6. 『마음의 문을 여는 일곱 가지 주문』 양광모, 갈매나무

7. 『질문의 7가지 힘』 도로시 리즈, 더난 출판

8. 『삶을 변화시키는 질문의 기술』 마릴리 애덤스, 김영사

9. 『사람들이 경청하도록 말하는 기술』 폴 W. 스웨츠, 해일

10. 『귀담아 듣는 언어생활(적극적 경청법)』 전영우, 민지사

11. 『젊은이를 위한 인간관계의 심리학』 권석만, 학지사

12. 『상대방을 사로잡는 대인관계술』 레스 기블린, 아름다운 사회

13. 『싸우지 않고 이기는 기술』 밥 버그, 씨앗을 뿌리는 사람

14. 『거울은 먼저 웃지 않는다』 가네히라 케노스케, 새론북스

15. 『설득의 심리학』 로버트 치알디니, 21세기북스

16. 『협상의 법칙』 허브 코헨, 청년정신

17. 『티핑 포인트』 말콤 글래드웰, 21세기북스

18. 『포지셔닝』 잭 트라우트&알 리스, 을유문화사

19. 『부분과 전체』 김용준, 지식산업사

20. 『폰더 씨의 위대한 하루』 앤디 앤드루스, 세종서적

〈각종 사이트 및 연락처〉

1. 협회

-대한법무사협회 http://www.kjaa.or.kr

-대한변리사회 http://www.kpaa.or.kr

-대한변호사협회 http://www.koreanbar.or.kr

-대한사진예술가협회 http://www.paakorea.com

-대한약사회 http://www.kpanet.or.kr

-대한의사협회 http://www.kma.org

-한국건축가협회 http://www.kia.or.kr

-한국공인중개사협회 http://www.kar.or.kr

-한국공인회계사회 http://www.kicpa.or.kr

-한국기업교육협회 http://www.edupotal.co.kr

-한국동호인테니스협회 http://www.ikata.org

-한국마술협회 http://www.kms82.org

-한국물류관리사협회 http://www.kclca.or.kr

-한국방송협회 http://www.kba.or.kr

-한국세무사회 http://www.kacpta.or.kr

-한국연극배우협회 http://www.kactor.or.kr

-한국인터넷마케팅협회 http://imck.or.kr

-한국학원총연합회 http://www.kaoh.or.kr

2. 정당

-민주노동당 http://www.kdlp.org

-민주당 http://www.minjoo.kr

-자유선진당 http://www.jayou.or.kr

-진보신당 http://www.newjinbo.org

-창조한국당 http://www.rokparty.kr

-한국사회당 http://www.sp.or.kr

-한나라당 http://www.hannara.or.kr

3. 종교

-강남교회 http://www.knpc.or.kr

-광림교회 http://www.klmc.net

-명동성당 http://www.mdsd.or.kr

-봉은사 http://www.bongeunsa.org

-사랑의 교회 http://www.sarang.org

-소망교회 http://www.somang.net

-여의도 순복음교회 http://yfgc.fgtv.com

-온누리교회 http://www.onnuri.or.kr

-조계사 http://www.jogyesa.org

-화계사 http://www.hwagyesa.org

4. 시민 단체

-경제정의실천시민연합 http://www.ccej.or.kr

-공정언론시민연대 http://www.fairmedia.or.kr

-녹색소비자연합 http://www.gcn.or.kr

-녹색연합 http://www.greenkorea.org

-문화시민운동중앙협의회 http://www.bkm.or.kr

-문화연대 http://www.culturalaction.org

-바르게살기운동중앙협의회 http://www.sfbt.or.kr

-사랑의 장기기증운동본부 http://www.donor.or.kr

-서울그린트러스트 http://www.sgt.or.kr

-약탈문화재반환운동 http://www.restorekcp.or.kr

-자동차시민연합 http://www.carten.or.kr

-참교육을 위한 전국학부모회 http://www.hakbumo.or.kr

-참여연대 http://www.peoplepower21.org

-청소년폭력예방재단 http://www.jikim.net

-학벌 없는 사회 http://www.antihakbul.org

-한국 YMCA 전국연맹 http://www.ymcakorea.org

-한국4-H중앙연합회 http://www2.rda.go.kr/4h

-한국여성유권자연맹 http://www.womenvoters.or.kr

-행정개혁시민연합 http://www.ccbg.or.kr

-환경운동연합 http://www.kfem.or.kr

5. 경제 단체

- 대한건설협회 http://www.cak.or.kr

- 대한상공회의소 http://www.korcham.net

- 벤처산업협회 http://www.venture.or.kr

- 전국경제인연합회 http://www.fki.or.kr

- 전국농산물산지유통인중앙연합회 http://www.packer.or.kr

- 중소기업중앙회 http://www.kbiz.or.kr

- 한국 식품 공업협회 http://www.kfia.or.kr

- 한국게임산업협회 http://www.gamek.or.kr

- 한국경영자총협회 http://www.kef.or.kr

- 한국농업경영인중앙연합회 http://www.kaff.or.kr

- 한국메세나협의회 http://www.mecenat.or.kr

- 한국무역협회 http://www.kita.net

- 한국소기업소상공인연합회 http://www.sba.or.kr

- 한국여성건설인협회 http://www.kowsae.or.kr

- 한국여성경영자총협회 http://www.kbwf.or.kr

- 한국중소기업이업종교류연합회 http://www.koshba.or.kr

- 한국청년회의소 http://www.koreajc.or.kr

6. 봉사 단체/ 모임

-국제시민봉사회 http://www.sci.or.kr

-사랑 실은 교통봉사대 http://www.sarangdae.com

-세계청년봉사단 http://www.kopion.or.kr

-아름다운재단 http://www.beautifulfund.org

-이루미, 무료과외자원봉사 모임 http://www.erumi.kr

-한국 사랑의 집짓기 운동연합회 http://www.habitat.or.kr

-한국 B.B.S 중앙연맹 http://www.bbs.or.kr

-한국대학사회봉사협의회 http://kucss.kcue.or.kr

-한국시민자원봉사회 http://www.civo.net

-한국청소년자원봉사센터 http://www.kysc.or.kr

-행동하는 양심 http://www.actionslove.or.kr

7. 교류 단체/ 모임

-세계미술교류협회 http://www.koafi.com

-아리랑21 http://www.arirang21.or.kr

-아시아문화교류봉사협회 http://www.aceva.or.kr

-아시아예술교류협회 http://www.yehyub.or.kr

-우리민족교류협회 http://www.korinf.com

-한국 로타리 http://www.rotarykorea.org

-한러교류협회 http://www.koruss.org

-한일학생회의 http://www.kjsc.org/zbxe

-한중교류협회 http://www.korchi.org

8. 기타 단체

-두레생활연합 http://www.dure.coop

-문화생활협동조합 http://www.cuco.co.kr

-생활협동조합 전국연합회 http://www.co-op.or.kr

-한국생협연합회 http://www.icoop.or.kr

-한국의료생활 의료생협연대 http://www.medcoop.or.kr

9. 대학/대학원 입학

-국제디지털대학교 http://www.gdu.ac.kr

-디지털서울문화예술대학교 http://www.scau.ac.kr

-서울디지털대학교 http://www.sdu.ac.kr

-서울사이버대학교 http://www.iscu.ac.kr

-열린사이버대학교 http://www.ocu.ac.kr

-한국디지털대학교 http://www.go.kdu.edu

-한국사이버대학교 http://www.kcu.ac

10. 자기계발교육

-공병호 자기경영 아카데미 http://www.gong.co.kr

-기획연구소 플랜 업 http://www.planup.co.kr

-동아사이버문화센터 http://www.dongacc.com

-마케팅전략연구소 http://www.msrkorea.co.kr

-매경교육센터 http://www.education.mk.co.kr

-카네기연구소 http://www.ctci.co.kr

-캠퍼스 21 http://www.campus21.co.kr

-크레듀 http://www.credu.com

-한경교육센터 http://www.hankyung.com/edu

-한국 크리스토퍼 리더십 센터 http://www.christopher.co.kr

-한국경영교육원 http://www.korbei.com

-한국리더십센터 http://www.eklc.co.kr

-휴넷 http://www.hunet.co.kr

-MBC문화센터 http://www.mbcac.com

11. 대중강연회

-20대 사장 만들기 http://club.cyworld.com/20sajang

-나도 CEO가 될 수 있다 http://cafe.daum.net/iamceo

-스피치 성공 클럽 http://cafe.daum.net/speech2002

-유철수 성공개발원 http://www.successedu.com

-윤태익 인경영연구소 http://www.yoontaeik.com

-이영권의 멘토 클럽 http://www.bestmentorclub.org

-토즈 TOP Center http://www.toz.co.kr

12. 커뮤니티

-교육의 모든 것 http://cafe.daum.net/edupower

-귀족마케팅연구회 http://www.seri.org/forum/prestige

-기획연구회 http://www.seri.org/forum/bizup

-마케팅공화국 http://cafe.naver.com/marketingrepublic.cafe

-마케팅제휴담당자들의 모임 http://www.seri.org/forum/alliance

-맞벌이부부 10년 10억 모으기 http://cafe.daum.net/10in10

-부자마을 사람들 http://cafe.daum.net/bigbigmoney

-부자특성연구회 http://www.seri.org/forum/rich

-영업유통경영포럼 http://www.seri.org/forum/sales

-직장인 커뮤니티 2jobs http://cafe.daum.net/ihave2jobs

-짠돌이 http://cafe.daum.net/mmnix

-취업사냥꾼 http://cafe.daum.net/resume21

-트렌드연구회 http://www.seri.org/forum/trend

-프랭클린 플래너 유저들의 모임 http://cafe.daum.net/fpuser

-한중 biz포럼 http://www.seri.org/forum/kcbiz

-M&A파워포럼 http://www.seri.org/forum/mna

-PowerPoint & Presentation을 사랑하는 사람들의 모임

 http://www.seri.org/forum/pasamo

13. 블로그

파워 블로그

-김태우 블로그 http://twlog.net/welcome

-당그니의 일본표류기 http://www.dangunee.com

-둥이맘 문성실의 아침점심저녁 http://blog.naver.com/shriya

-링블로그 http://www.ringblog.net

-세이하쿠 http://www.seihaku.com

-젤리만 http://blog.naver.com/banyson

-주니캡 블로그 http://www.junycap.com/blog

-초이의 IT 휴게실 http://www.chitsol.com

-혜민 아빠 http://www.sshong.com

일반 블로그

-건강 http://blog.naver.com/masaroop

-낙서장 http://blog.naver.com/b8157709

-다이내믹한국 http://blog.naver.com/khy021

-들꾀꽃 http://blog.naver.com/jekimpro

-밥 먹고 트림하고 http://blog.naver.com/moyja

-뷰티플 하우스 http://blog.naver.com/jinsub0707

-삶이 즐거운 음악 http://blog.naver.com/jjjseok

-시/생각/좋은 편지 http://blog.naver.com/nada5582

-연예인 패션 따라잡기 http://blog.naver.com/dlsjong

-영화 보물 상자 http://blog.naver.com/greyrain

-C+할리우드 통신 http://blog.naver.com/hello_so

-e-Biz마케팅전략 http://blog.naver.com/hongjig

-HRD이슈 http://blog.naver.com/yong2dao

전문가 블로그

노회찬의 행복한 세상 http://blog.daum.net/nhr712

마광수 교수의 광마방 http://blog.hani.co.kr/makwangsoo

문화평론가 진중권 블로그 http://blog.daum.net/miraculix

박노자 교수의 글방 http://blog.hani.co.kr/gategateparagate

시골의사 박경철 블로그 http://blog.naver.com/donodonsu

한겨레신문 김외현 기자 블로그 http://blog.hani.co.kr/oscar

한국경제신문 최진순 기자의 수레바퀴 http://blog.naver.com/soonchoi

14. 미니홈피

-김연아 미니홈피 http://www.cyworld.com/figureyuna

-박태환 미니홈피 http://www.cyworld.com/freestylewin

-정치인 박근혜 미니홈피 http://www.cyworld.nate.com/ghism

-피아노 치는 변호사 박지영 http://www.cyworld.com/bestlawyer

-이종격투기선수 최홍만 미니홈피 http://www.cyworld.com/bkhm1030

15. 메신저

MSN http://windowslive.msn.co.kr/wlm/messenger

구글 토크 http://google.com/talk

네이트온 http://nateonweb.nate.com

다음터치 http://messenger.daum.net/section/main/index.jsp

버디버디 http://buddybuddy.co.kr

세이 클럽 타키 http://tachy.sayclub.com

야후 메신저 http://messenger.yahoo.com/kr

파란 메신저 http://u2.paran.com/u2/main.do

16. 채팅 사이트

-세이 클럽 http://www.sayclub.com

-지오피아 http://www.geopia.com

-팀보이스 http://www.teamvoice.co.kr

-하늘사랑 http://www.skylove.com

-한게임 채팅 http://www.chat.hangame.com

17. 인맥관리 사이트

-링크나우 http://www.linknow.kr

-마이스페이스 http://www.kr.myspace.com

-마이스폰서 http://www.mysponsor.kr

-비즈스페이스 http://www.bizspace.kr

-샬록홈즈 http://www.info.cyloghomes.net

-세다리 http://www.sedari.co.kr

-세라코리아 세컨드라이프 http://www.serakorea.com

-와우코리아 http://www.wau.co.kr

-인크루트 인맥 http://www.nugu.incruit.com

-인클 http://www.inclub.kr

-페이스북 http://www.ko-kr.facebook.com

-피플투 http://www.people2.co.kr

18. 인터넷 지역 모임

-거제도 인맥 만들기 http://cafe.daum.net/youiall10

-경주를 사랑하는 사람들의 모임 http://www.kjloveps.com

-광주 전남 직딩 클럽 http://cafe.daum.net/workgroup

-구리시 남양구시 모여라 http://cafe.daum.net/guricitymoi

-구미사랑 http://cafe.daum.net/kumilove

-김포를 사랑하는 사람들의 모임 http://cafe.daum.net/gimpolove

-노원 사랑방 http://cafe.daum.net/lee10520nowonlove

-대구맘 http://cafe.daum.net/daegumam

-대전 직딩 모임 http://cafe.daum.net/DJGIK

-도봉 사랑방 http://cafe.daum.net/dobonggulove

-부산 커플들의 정보 교류 http://cafe.daum.net/busanc

-부산2535 http://cafe.daum.net/b2535

-수원 직딩들의 모임 http://cafe.daum.net/younghye

-안산 성포동 주민 모임 http://cafe.daum.net/sungpodong

-안양군포의왕사랑 http://cafe.daum.net/anyangfood

-여주 이천 사랑 http://cafe.daum.net/dywn

-용인 수지를 사랑하는 사람들 http://cafe.naver.com/sujilove

-울산의 맛과 멋을 찾아서 http://cafe.daum.net/usmatmut

-원주 사랑 http://cafe.daum.net/wonju

-인천 직딩 모임 http://cafe.daum.net/aramis1

-제주 3040 해피 클럽 http://cafe.daum.net/jeju3040

-중계무지개 아파트 http://cafe.daum.net/jungyerainbow

-호남 40세 이상 http://cafe.daum.net/honam45

19. 최고지도자과정

-강원대학교 최고경영자과정 http://www.kangwon.ac.kr/~busi

-건국대학교 최고경영자과정 http://www.business.konkuk.ac.kr

-경기대학교 고위정책과정 http://www.web.kyonggi.ac.kr/pubadmin

-경남대학교 최고경영자과정 http://www.biztech.kyungnam.ac.kr

-경북대학교 최고경영자과정 http://www.cec.knu.ac.kr

-경원대학교 최고경영자과정 http://www.kyungwon.ac.kr/mana

-경희대학교 최고경영자과정 http://www.ceo.khu.ac.kr

-고려대학교 경영대학원 최고경영자과정 http://www.biz.korea.ac.kr

-광운대학교 최고경영자과정 http://www.gsba.kw.ac.kr

-국제경영원 최고경영자과정(GAMP) http://www.imi.or.kr

-단국대학교 자산관리 최고경영자과정(AFMP)

 http://www.hompy.dankook.ac.kr/giba

-벤처 최고경영자과정 http://www.venture.or.kr

-부산산대학교 최고경영자과정 http://www.pusan.ac.kr

-서강대학교 최고경영자과정(STEP) http://www.gbiz.sogang.ac.kr

-서울과학종합대학원 지속경영을 위한 4T CEO과정 http://www.assist.ac.kr

-서울대학교 법과대학 최고경영자과정(ALP) http://www.alp.snu.ac.kr

-서울대학교 인문학 최고지도자과정(AFP)

 http://www.snu.ac.kr/edu/edu0501.jsp

-서울대학교 최고경영자과정(AMP) http://www.mdc.snu.ac.kr/amp

-성균관대학교 최고경영자과정(W-AMP) http://www.biz.skku.ac.kr

-숭실대학교 최고경영자과정 http://www.ssu.ac.kr

-아주대학교 CEO 골프아카데미 http://www.mba.ajou.ac.kr

-연세대학교 경영전문대학원 최고경영자과정(AMP)

 http://www.gsb.yonsei.ac.kr

-와튼-KMA 최고경영자과정 http://www.kma.or.kr

-울산대학교 최고경영자과정 http://www.cms.ulsan.ac.kr/mba

-원광대학교 최고정책관리자과정 http://www.ga.wonkwang.ac.kr

-이화여성고위경영자과정 http://www.mba.ewha.ac.kr

-전남대학교 최고경영자과정 http://www.mba.chonnam.ac.kr

-제주대학교 최고경영자과정 http://www.jejuceo.com

-조선대학교 최고경영자과정 http://www.chosun.ac.kr

-중앙대학교 최고경영자과정 http://www.mba.cau.ac.kr/program

-충남대학교 최고경영자과정 http://www.mba.cnu.ac.kr

-충북대학교 최고경영자과정 http://www.cbmba.com

-카이스트 최고경영자과정(AIM) http://www.business.kaist.ac.kr

-한국외국어대학교 글로벌 최고경영자과정 http://www.biz.hufs.ac.kr

-한양대학교 e-CEO과정 http://www.eceohy.com

-휴넷 CEO 리더십스쿨 http://www.ceoleader.hunet.co.kr

-KPC 최고경영자과정 http://www.kpcceo.or.kr

20. 전문교육과정

-노사관계고위지도자과정 http://www.kli.re.kr

-매경 eMBA http://www.mkemba.com

-부동산경매과정 http://www.ikonkuk.ac.kr

-웃음치료사과정 http://www.humorletter.co.kr

-이미지메이킹강사과정 http://www.pil21.co.kr

-해외부동산전문가과정 http://www.grsceo.com

-휴넷 마케팅 MBA http://mktmba.hunet.co.kr

-M&A 전문가과정 http://www.mnaforum.com

-MD(머천다이저)과정 http://mdacademy.co.kr

21. 포럼

-경영자독서 모임(MBS) 02)360-0752

-대구경영자독서 모임 053)761-4828

-대한상의 CEO간담회 02)6050-3426

-도산 조찬 세미나 02)741-7591

-세리 CEO 조찬세미나 02)3780-8200

-세종로포럼 02)2663-4183

-인간개발경영자연구회조찬 모임 02)6009-4595

-휴넷 CEO Insight 월례조찬 1588-6559

-CEO 독서아카데미 02)6050-3423

-CFO 조찬포럼 02)552-6488

-KITA 최고경영자 조찬회 02)6000-5205

-KMA 최고경영자 조찬회 02)3786-0148

-KPC CEO포럼 02)724-1071

-KSA 최고경영자 조찬회 02)6009-4595

귀한 인맥 만들기

초판 1쇄 펴낸날 | 2009년 2월 14일

지은이 | 양광모
펴낸이 | 이금석

마케팅 | 곽순식, 김선곤
물류지원 | 현란
기획·편집 | 박수진, 김애리
디자인 | 이선애
펴낸곳 | 도서출판 무한
등록일 | 1993년 4월 2일
등록번호 | 제3-468호

주소 | 서울 마포구 서교동 469-19
전화 | 02)322-6144
팩스 | 02)325-6143
홈페이지 | www.muhan-book.co.kr
e-mail | muhan7@muhan-book.co.kr

가격 12,000원
ISBN 978-89-5601-231-5 (03320)